OneBook

Sixteen

16

Seventeen

Eighteen

18

Eighteen

欧阳娜娜

著

中国友谊出版公司

我告诉自己
人生只有一次
不必按别人的感受去揣摩自己的人生
生命也不需要完美
我想要的是
永远不满足于自己，也不限定于自己

终有一天
我会忘了所有青春期的烦恼
做一个最普通的大人
去迎接成年人的思绪
解决成年世界的种种矛盾

但希望我还会拥有和17岁一样的喜怒哀乐
希望我能一直开心，随性地面对人生
继续做最好的自己

18 岁的我，还是会继续否定自己

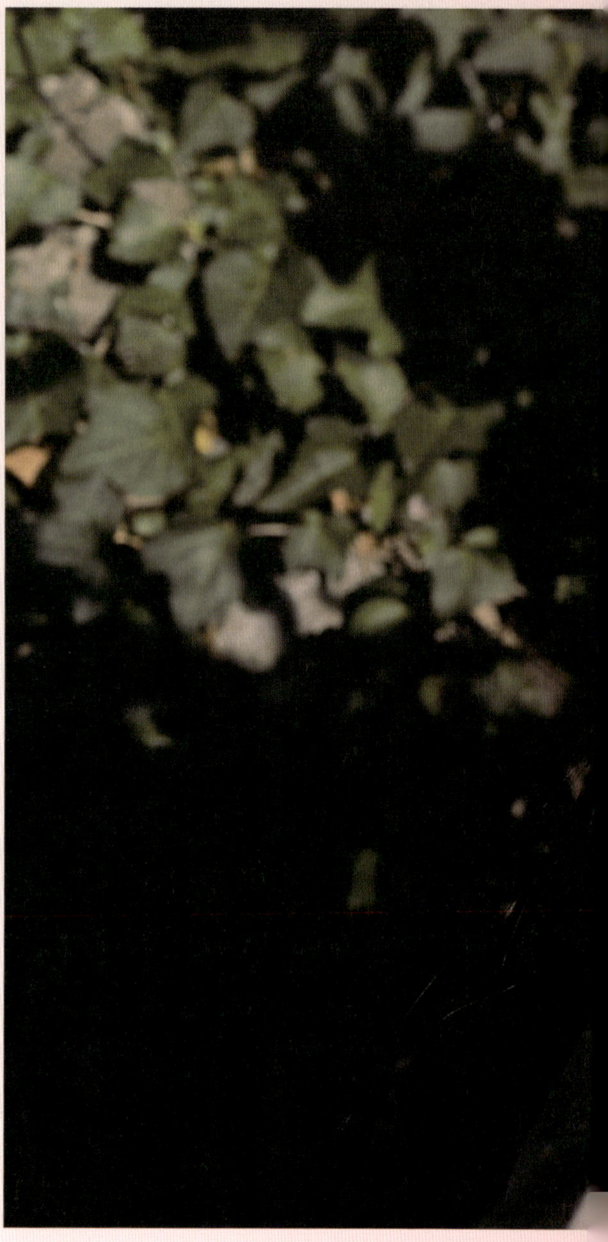

目录

Ch. I

Andante
前言

无言歌

无言歌

Ch.1
Andante
无言歌

在我人生的每一个阶段，都会有几首可以代表那个时候的状态的曲子。
但有一首曲子，它好像可以代表我人生的每一个阶段，它是《无言歌》。
它是我第一次音乐班期中考试的曲子，也是我第一次参加比赛得奖的曲子；
它在我第一场音乐会的时候出现过，也被收录进《15》专辑里。

我第一次听到《无言歌》的时候还很小，只觉得它甜甜的，好好听。
后来开始练习，那时候技巧不够好，但还是觉得曲子简单又情绪分明。
演奏出来，也就是很简单的两个层次：第一层特别温和，第二层就比较激烈。
那真的就是一个小朋友拉出来的，是没有经历过世事的天真。

后来慢慢长大之后，每次再拉，却一年一年地发现这种单纯和干净像是突然变得越来越困难了。
《无言歌》默默地就好像生出了 15 个层次，
第一段重复了 4 次的同样旋律，开始一层比一层复杂和晦涩，
到了“激烈”的部分，相同的旋律，则或许一个是“哀求”，一个是“愤怒”。

Ch.1
Andante

Ch.I
Andante

无言歌

无言歌

我开始会想，以前真是误会孟德尔颂了，小的时候读他的传记，
总觉得他是音乐家里难得的幸运者，
从小家庭富有，无忧无虑地长大，也没有经历什么挫折，
所以感觉他的曲子总是很少有晦涩感的。

但现在，每次在拉《无言歌》的时候，
我会了解到：生命本来的样子，
或许就像一篇表面上看起来风平浪静的乐章，
但其中每一个起伏、跳跃、停止和延长的音符，都因为演奏者的表达，而有了非常复杂的意味。

Ch.1
Andante

Ch.1
Andante

Ch.1
Andante

𝄞

Ch. 2 Treble Clef
高音

最初的音

-1
我的“女王”
My queen, my sister

-2
第一个梦想
Dream of being a pianist

-3
女的周杰伦
My idol is a genius

Ch. 2
Treble Clef

Ch. 2
Treble Clef

Ch. 2
Treble Clef

-1

-1

-I
我的“女王”

Ch. 2
Treble Clef
-I
我的“女王”

在接触钢琴之前，姐姐一直是我生活的中心。
姐姐非常厉害，她会唱歌、会跳舞，随随便便就可以做超过 180 度的劈叉，
她跑步第一、游泳比赛得冠军，她会竞技体操、韵律体操、花式溜冰，她还会画画、书法，
最厉害的是，当发现有人偷了我们邻居的脚踏车时，她竟然敢骑着脚踏车去追小偷，
吓得小偷弃车而逃！

我每天就像跟屁虫一样跟着姐姐，对姐姐让我做的任何事，都觉得十分荣幸。
在我心中姐姐是一个“女王”的存在，她讲什么都是对的，做什么也都是对的，
我就像一个“女王”身边忠诚的小跟班。

两岁半时，拜姐姐不喜欢练钢琴所赐，妈妈特意去找了一堂音乐欣赏课，
让不喜欢练琴的姐姐和作为姐姐的跟屁虫的我，一起从“欣赏”开始寻找音乐的乐趣。
妈妈最开始的想法很简单，她希望我们可以喜欢音乐，希望音乐可以一辈子陪伴我们。
这堂课持续了将近 4 年，在这 4 年里，每个星期二都是我最期待的日子，
看音乐剧、芭蕾舞剧、歌剧，唱歌、律动、打节奏，
就这样在玩乐中我认识了乐谱上的音符。

Ch. 2
Treble Clef
-2

Ch. 2
Treble Clef

-2

第一个梦想

-2
第一个梦想

幼儿园老师也知道我在学钢琴，她问我愿不愿意在毕业的时候表演 。
这时候我的钢琴已经学了 3 个月了，就特别高兴地答应了。
那天放学一回家，我就选出了 7 首自己觉得精彩的曲子，请妈妈将曲谱打印出来。
妈妈拿着印好的乐谱问我："你有想好顺序吗？"

我在心里想象着表演时的样子，觉得我们可以有一个温柔的开始和一个热闹的结尾，
然后排列出先弹哪一首，再弹哪一首。
这是我人生中第一次对于自己所要做的事情这么不犹豫，非常确定地排好了顺序。

我每天认真地按照自己决定的表演次序来练习，反复地练习。
可是越到临近演出的时间，我越觉得这几首曲子太简单了，所以我改变了主意，
告诉妈妈说，我不想表演这些曲子了，
并请妈妈印出钢琴老师准备让我在她 10 月的音乐发表会上表演的曲子——《五月微风》。
我想在毕业音乐会上，表演这首更难的曲子。

Ch. 2
Treble Clef

-2

-2

Ch. 2
Treble Clef

-2

第一个梦想

幼儿园毕业的那天，家人把重重的电钢琴从我们家二楼抬下去，
穿过小马路、穿过公园、穿过大榕树，搬到了幼儿园。
那天的我穿了一件红色的小礼服，绑了一整头的小辫子，弹了一首《五月微风》。

其实我对这件事情的记忆不是很深，倒是妈妈会反复提起，
她说："这是你第一次对自己做的事表现出强烈的执着和坚持，你开始有了'一定要这样做'的想法，
也开始按照自己的想法去练习和付出了。"

也是在那段时间，我的人生有了第一个"职业梦想"，就是做一名钢琴老师。
我常牵着妈妈的手在公园里边散步边谈论我的梦想，
我要妈妈给我买一座四周都是落地窗的房子，房子的正中间有一架白色的钢琴，
而我就是那个穿着白色纱裙等着学生来上课的钢琴老师。

Ch. 2
Treble Clef

Ch. 2
Treble Clef

Ch. 2
Treble Clef

-3

-3

Ch. 2
Treble Clef

-3

女的周杰伦

-3
女的周杰伦

看到一个很久以前的电视采访，四岁的自己笑着回答记者的问题。

“将来想做什么？”
“我要当女的周杰伦。”

周杰伦，这个从小学古典音乐，会弹钢琴、会作曲的天才是真的让人崇拜的。
电影《不能说的秘密》把我对他的崇拜推到了最高峰，
有很长一段时间我都把他的相片放在书包的透明夹层里，每天都背在身上。

有一天晚上，我爸发现了书包夹层里的周杰伦的相片，
他也找出了他自己的相片放在我的书包里，压在周杰伦的相片上。
第二天早上我打开书包，看到的就是我爸的照片。
我心想：天哪，老爸怎么这么幼稚。
然后好笑地把周杰伦的相片再放回我爸的照片前面。

但这个幼稚的游戏就此不停歇了，每天早上起床后，我的“周杰伦”总被“欧阳龙”压到了后面，
终于有一天，我忍不住了，直接抽出了“欧阳龙”，只带着“周杰伦”去上学了。

10 岁的音乐会，和娣娣的三手联弹、和同学的四手联弹都是《不能说的秘密》里的曲目，
和周杰伦一起弹钢琴也是我小时候的梦想之一。

Ch. 2
Treble Clef

-3

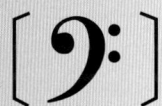

[𝄢]

Ch. 3
Bass Clef
低音

大提琴

Ch. 3
Bass Clef

-1

-1

Ch. 3
Bass Clef

-I
第一把大提琴

-I
第一把大提琴

其实最开始学大提琴的时候，我们全家都对这种乐器不太了解，
甚至在去上第一堂大提琴课的时候，我都没有琴。

那天早上，我跟着妈妈去了琴房，上课的地方是《“国语”日报》的大楼，里面有好多小朋友，有背乐器的，有穿舞衣的。
我生命中最重要的老师——廖美英老师，
她每个星期六和星期日都在大厦10楼的一个小小的琴房教课。
每个星期六下午的3点45分是我的上课时间。
我记得自己从来不敢迟到，总是抱着琴站在那个小房间门口的走廊上，偷听正在上课的同学的琴声，听老师的赞扬或者责骂，也祈祷着自己今天不要挨骂……

Ch. 3
Bass Clef

-1
第一把大提琴

Ch. 3
Bass Clef
-1
第一把大提琴

在第一堂课上，老师让我拿一支黄色的铅笔练习，她说这就是你的功课。
我那时候有些接受不了，我不是学大提琴吗？怎么一个星期都只让我拿笔？
老师跟我解释："这支笔就是你的弓，这一个星期你就要练怎么拿弓。"

这对我来说就和钢琴有很大不同了，我还是比较习惯钢琴老师"速成"的教学模式，
所以大提琴老师让我拿一支笔重复练真的让人很崩溃。
但那天回家之后，我还是乖乖地按照老师的要求拿着一支笔在房间里练，
尽管也不太清楚自己在干吗，还是会模仿老师的样子这样动一动，那样动一动。

在第二堂大提琴课上，老师拿了一把淡淡的黄色的琴给我和妈妈看，
她说不知道我以后还想不想继续再练，所以没有给我们选太贵的琴，
以现在的程度来说这把琴是够用的，如果不喜欢，也不会觉得花了很多钱太心疼。
这就是我人生中的第一把大提琴，有着淡淡的黄色的一把 1/2 琴。

Ch. 3
Bass Clef

-2

-2

Ch. 3
Bass Clef

-2
初学者

-2
初学者

大提琴不像钢琴，可以从一开始就练一整首曲子，它要先从练基本功开始。
那时候我有一本灰色的谱子，特别厚，我们一直叫它灰本，老师通常会翻开一页，
然后挑出一小块让我练，一练就是一个星期。

有很长一段时间我都是在家里的客厅练琴，
这对当时待在家里的姐姐、表姐和爸爸来说就是一种折磨。
那个时候我不太懂大提琴的声音，但我知道自己拉得不好听，尤其是姐姐和表姐两个人还很爱演，
在我拉琴的时候边捂着耳朵“啊啊啊”叫着，边满脸痛苦地从客厅爬回房间。

我爸对于我对大提琴的不离不弃总是不怎么理解，在我学琴的前几年也经常抱怨我：
为什么连放暑假都不可以睡到自然醒而是大清早就爬起来练琴，将来是打算到西餐厅拉琴吗？

现在想想，当初那股坚持的力量是从哪儿来的？
因为大提琴是为了上音乐班而选择的第二种乐器？
因为舍不得好不容易排队才上到的廖老师的课？
因为不想辜负老师和妈妈的期望？
还是因为“既然是自己的选择，就必须坚持下去”？

Ch. 3
Bass Clef

-3
和小黑姐姐斗智斗勇

-3
和小黑姐姐斗智斗勇

因为要练琴，在家里有很多事情我跟小黑姐姐都不能参与，当然也会有很累、想偷懒的时候。
那时候也没有手机，对我来说偷懒就是看看书。

小时候看书并不会带着什么目的，什么书都看，像我妈买的经典名著简单版的《小妇人》，
还有一些画和简单的英文，更多的是一些自传，比如马友友的。
本来看的书都是挺正当的，但是不可以在不正当的时间看，因为我练琴的时间很宝贵，
如果不在这个时候练琴，那就没有其他时间练，上课就会上不好，所以一点都不能偷懒。
其实如果我不练琴也可能没那么想看书，“偷懒”对我来说可能就是做做练琴以外的事情而已。

我们家有一个小客厕，里面有一个放清洁牙刷和卫生纸的小柜子，
当我发现这个小房间的门可以锁之后，我就把书藏在那个小柜子里，
然后天天说自己要上厕所，其实是躲进去看书。
这导致那段时间大家都以为我便秘，后来我自己都觉得我真的要便秘了。

不幸的是最后还是被小黑姐姐发现了我藏在柜子里的书，
从那之后我就开始了和小黑姐姐的斗智斗勇，我在家里寻找每一个可以藏书的地方，
被小黑姐姐找到后我就改个地方藏。

Ch. 3
Bass Clef

-3
和小黑姐姐斗智斗勇

-3
和小黑姐姐斗智斗勇

小黑姐姐盯我盯得很紧，几乎每分每秒都不放过我。
有一年过年，她要回家，不能盯着我练琴，但年后我要参加一个很大的比赛，过年期间就必须要练习。
因为嘴上说的不准，她就要我把练琴的过程录下来给她听。

从初一到初六，每天我都在想用什么办法可以偷懒。
第一天就说录了没录进去，她就很认真地跟我讲机器该怎么用；
第二天说不小心删掉了，反正每天都掰着理由少练一会儿。
实际上我还是有练习的，只是我撑不到她规定的“每天四到五个小时”，
因为大家都在欢乐地过年，就我一个人在练琴，心也静不下来，所以我每天都是练一两个小时，
后面就找各种各样的借口搪塞过去。

在小学阶段，一年 365 天我几乎每天都在拉琴，
虽然当时很苦，但现在回想起来却觉得很值，还好我有大提琴。
如果我不懂音乐，不懂大提琴，我想我的生活会很无助。
大家都说音乐是一种语言，这是我完全相信的，当你懂了别人不知道的语言，会觉得很幸福。

Ch. 3
Bass Clef
-4

Ch. 3
Bass Clef

-4
第二个梦想

-4
第二个梦想

在升小学之前，虽然心里暗暗觉得大提琴是我生活的重心，但也一直兼顾着钢琴的学习。
我喜欢我的钢琴老师，也觉得两种乐器都是我想要一直坚持的，
我也从来没有觉得自己一定要成为一个大提琴家。

直到我第一次听了马友友老师的演奏会，
被那个现场震撼到的一瞬间，我的时间仿佛突然凝固了，当天天在电脑上看到的人出现在我面前时，
我被从未有过的激动、开心的情感完完全全笼罩了……
我很惊讶，怎么会有人拉琴拉得这么好！怎么会有音乐能感染到在场的每一个人！

后来又了解了很多拉大提琴的音乐家，杜普蕾、王健……我想如果我能像他们一样就好了，
或者有他们一半好，甚至不到一半，可能四分之一，我都觉得这一辈子就够了。
当我某一天真的站在了舞台上，我默默地决定，我要成为一个大提琴家。

Ch. 3
Bass Clef

-4

-4

[#]

Ch. 4 Sharp 升

学习

Ch. 4
Sharp

-I
打卡

-I
打卡

我的妈妈是一个全世界上最会做计划表的妈妈。

小一、小二只上半天课，中午 12 点多，我到家的第一件事就是看今天妈妈留给我的计划表。

妈妈的计划表都是用分钟来计算的：

12:30–13:00　洗手吃饭 +CD

13:00–13:30　午睡

13:30–13:45　P72　1 2 3 4 5 6 7 8 9 10

13:45–14:00　P73　1 2 3 4 5 6 7 8 9 10

14:00–14:10　休息

14:10–14:30　P74　1 2 3 4 5 6 7 8 9 10

……

这张表会一路排到我睡觉前。

练琴、写功课、去公园玩、吃饭、洗澡……

而表上的“1 2 3 4 5 6 7 8 9 10”的意思是，我要把一首曲子的某一段弹 10 遍，

每弹完一遍就在数字下面打一个钩。

我很享受把这些数字都圈完、把这些项目都画个钩的成就感。

Ch. 4
Sharp

-I
打卡

-I
打卡

我永远都会把妈妈给我的计划当作最重要的事，即使有时候想要有一点改动，
也会打电话问她可不可以。

我家琴房的楼下就是公园，每天练完琴后能到公园玩一会儿，是我练琴的动力。
在计划表中，每练完一小段我都有 10 分钟的休息时间，而我最常打电话给妈妈的原因也是，
我总想把中间所有休息的短短 10 分钟集合起来变成完整的 30 分钟，
这样我就能下楼去公园玩一会儿。

除了下雨天，这样的剧目每天都在重复，总会有我的朋友在楼下大喊：
“娜娜——你练完琴了吗——”
我也会对着楼下大喊：
“还没有，等我一下——”
过了一会儿，又会有另一个小朋友来问：
“娜娜——你练完琴了吗——”
我头不抬、手不停地对着楼下大喊：
“还没有，快了——”
对我来说，练琴永远是最重要的事情。

我基本上没有不完成计划表就下楼玩的记录，而伙伴们总是在等我。
也许是从小就习惯了“有计划”，在我妈不给我安排时间表之后，我开始自己给自己制订计划，
这个计划可能是像以前一样的练习计划，也可能是我一个阶段的小目标。
给自己一个目标一直都是一件非常重要的事情，
我是一个为了做成一件事情就会全力去拼的人，只要有了这个目标，我才不会觉得人是慌的。

Ch. 4
Sharp
-2

Ch. 4
Sharp

-2
生命中最重要的老师

-2
生命中最重要的老师

我的大提琴老师廖老师，是一位非常严格的老师。
她不仅仅是我的老师，还是我的主人、老板、大 boss，小时候我都没怎么看到她笑过。
每次上课之前，我都很紧张，怕自己的练习没有达到她的标准。

同时，她也是我心中最好的老师、我的贵人。
廖老师带我的那段时间，“星期一”对我来说是一个忐忑又激动的日子，
我每个星期一都要上一对一的主修课和副修课，钢琴和大提琴课都要上。
这就要求提前一天准备很多东西，还要家长签名，星期一拿给老师写评价。
这时候我就会特别特别紧张，紧张到前一天晚上都睡不好觉，甚至小黑姐姐也被我搞得紧张兮兮的，
因为在我心里是非常期待老师给我的评价的。
而我努力练习了一个星期，
也不过就是为了听廖老师说一句“你练得不错”。

Ch. 4
Sharp

-2
生命中最重要的老师

-2
生命中最重要的老师

从小到大我都是按部就班地做好老师布置给我的功课，从不偷工减料。
我的钢琴老师在给我布置任务时会画五条线，要求把某一段练五遍，
弹完一遍我就会划掉一条线，再弹一遍就再划掉一条线。
廖老师同样有一个“五四三二一”的线，但这个“五”不是练到第五遍，而是练完五遍把“五”划掉，
再练四遍把“四”划掉，再练三遍把“三”划掉，以此类推。
和很多讨厌做作业、讨厌重复练习的小朋友不一样，
我小时候就格外喜欢这种被“五四三二一”限制的感觉。

在廖老师的班上，她让每一位同学练习的曲目都是不一样的，
可能有的同学手很快，有的同学就不是，她会因人而异，给每个人布置不同的功课。
廖老师曾经和我们描述过一个场景，
她说：“我每隔一段时间最快乐的一件事，就是在新的学期开始之前，一个人关在房间里，
地板上铺满了不同曲目的乐谱，我会想：这支曲子是欢快的，它适合手很快的 A；
这支曲子很有表现力，它适合共鸣很好的 B；
嗯，这支曲子的开弓部分正好可以调整小 C 最近的一个坏习惯；
啊，这支曲子比较有挑战性，它可以给小 D 试试！”
廖老师会根据每一个人在不同阶段的不同情况，给我们安排不同的练习功课。

Ch. 4
Sharp

-2

-2

Ch. 4
Sharp

-2
生命中最重要的老师

-2
生命中最重要的老师

而且廖老师很坚持一件事，她的所有的学生都要拉全曲。
她说：“虽然期末考试只需要你们拉 3 分钟，但对音乐的学习不是为了一次考试。
只有练习全曲，我们才能真正地融入音乐中。而面对考试，敌人永远只有自己。
你有没有真正练习到位，有没有真正沉浸到音乐中去，决定了你拉出来的曲子好不好。
考试不是为了证明你比别人强，而是为了证明你完成了这件事。”

我喜欢接受挑战，喜欢被给予期待，廖老师在我很小的时候就抓住了我的这种特性，
她总是给我制定比我的能力稍高一些的目标，同时严格地监督我、要求我、训练我，
可以说，是廖老师成就了现在的我。

Ch. 4
Sharp

-3

-3

-3
最初而永远的忠实听众

Ch. 4
Sharp

-3
最初而永远的忠实听众

对家里人来说，小的时候陪我练琴是非常枯燥的事。
首先，我需要有一个人在旁边。她可能并不需要知道我弹得怎么样，也不需要盯着我。
其次，得保持安静。而在我最开始学习的时候，那个弹棉花的过程其实对所有人来说都挺折磨的。
所以很多时候，我妈或我阿姨，就会躺在沙发上，看本小说或什么的，
然后我每拉完一个段落，她们象征性地说两句。
当然也是很快就找机会开溜了。

有一段时间，每到要练琴的时候，我都会给我永远的忠实听众——我的外婆——打电话：
“婆婆，今天没人陪我练琴，你可不可以过来陪我？”

这个时候外婆一般都是在麻将桌上，
她会跟她的麻友说：“快快快！打完这一圈就不打了，我要去陪我外孙女练琴！”
其实外婆也不懂音乐，甚至每次都是我刚开始拉她就睡着了，偶尔还会打呼噜，
但是只要外婆陪着我，我就能安心练下去，
甚至有的时候，外婆睡到一半醒了，前面后面都没听到，迷迷糊糊的状态，还会跟我说：
“你那个尾音没有拉完。”然后我就再给她拉一次尾音。
外婆在我生命中占了很重要的位置，她是我的观众，同时也是我的“粉丝后援会会长”，
她永远都会满含爱意地告诉我：“娜娜，你拉得好棒！”
还会去跟她的朋友们说：“我外孙女真的很棒！琴拉得很好听！”

Ch. 4
Sharp

-4

-4

Ch. 4
Sharp

-4 和妈妈的“二人时间”

-4
和妈妈的“二人时间”

我玩的时间非常少，几乎所有的时间都用来练琴了。
有时候也会因为没有达到老师的要求，
或者因为没时间和朋友玩耍而感觉沮丧。
我情绪低落的时候，妈妈会趁我晚上休息的时候和我待在一起。
她会和我窝在浴室里，我们一起泡澡，
或者在我泡澡的时候，妈妈坐在马桶上跟我聊天。
家里姐妹很多，妈妈很多时候都是所有人的妈妈，
只有在这个时候，她是我一个人的妈妈，
这是我和妈妈的“二人时间”。

我会和妈妈聊我最近练习上的压力，聊我的小情绪，
妈妈会听我说，也会跟我分享一些她的看法。
我们一起泡在浴缸里，她会挑一些音乐家的文章或传记，
念里面的一段话给我听。
她告诉我每个音乐家的成长都是艰难的，
告诉我他们在这个过程中也会遇到“瓶颈”，又是怎么去突破的，
这个情况可能和我当下的状态很像，或许我们可以参考看看。

我小时候觉得“琴练不好”是一件天大的事情，
但这些故事，这个我和妈妈的“二人时间”，
让我每次在感到沮丧、难过或想退缩的时候，都给了我支持。

Ch. 4
Sharp

-5

Ch. 4
Sharp

-5
老灵魂

-5
老灵魂

我 10 岁的时候有一次说：“我现在 10 岁，但拉琴的时候是 50 岁。”
现在想想，那时候觉得自己有 50 岁，可能是被大提琴的老灵魂影响了。
小时候看喜欢的大提琴演奏家在台上拉琴，总是一脸沉郁，而当我进入大提琴的旋律中的时候，
也会不由自主地有了一个“拉大提琴的样子”。

最开始拉琴的那几年，我总是担心拉错，会紧张，
所以在上台之前，我都努力让自己静下来，沉溺到大提琴的世界里。
我发现如果先有了“拉琴的样子”，大提琴是会给我力量的，
仿佛有一个 50 岁的自己提前进入我的身体里，而我在音乐的世界里不再是个小孩子了。

现在因为拉琴的年份多了，经验也多了，站在舞台上的时候更有把握和自信，
也能理解“拉错”是一件再正常不过的事情。
那个时候我就会慢慢放松下来，放松的状态其实更自在。
我不再需要借那个老灵魂支撑着自己，而是慢慢在音乐中生长出自己的灵魂。
我感觉我在慢慢向“自己”靠拢，
不再像以前那么老成，我从 50 岁慢慢过渡到 40 岁，然后是 30 岁……最后变成现在的我。

这几年一路走来，我渐渐觉得自己不那么在乎外界怎么看我了，
不论是觉得我拉琴拉得不好，还是我不够专业，不能够称为一名演奏家，
我都不会刻意去深想这些意见，
我不再去执着地追求“第一名”，
我开始认真审视“真实”的定义。
我后来发现，演戏的时候往往都是离角色越来越近，离自己越来越远，
但是拉琴却可以在舞台上离自己越来越近，可以在舞台上找到“自己”。

Ch. 5 Glissando
滑音

三次重要的
训练营

-1
美国的大提琴训练营
I saw my kind
in the new world

-2
德国的大师班
One thousand pocket songs
in my pocket

-3
荷兰音乐节
Be baptized by music

Ch. 5
Glissando

-I

美国的大提琴训练营

-I
美国的大提琴训练营

10 岁那年的暑假，我第一次离开我的班级去美国的夏令营看别人拉琴。
夏令营里有很多很厉害的哥哥姐姐，我在里面算是年纪比较小的了，
虽然会讲也听得懂英文，但是因为比较慢热，不是很善于用语言和大家交朋友，
反而更愿意用音乐去和大家交流。

有一天中午，我坐在一片草坪的公园椅上拉琴，
当时天气很好，风很温暖。
我一边和我的全琴熟悉彼此，一边练海顿的一首大提琴协奏曲。
拉到一半，对面有一个金发男生就跟着我一起拉，
我们的距离还挺远的，大概要翻 10 个跟头，
当熟悉的旋律响起的时候，我突然觉得很神奇，那是我第一次感受到，
原来音乐是不用语言沟通就可以玩起来的。

在这个夏令营里有很多的第一次：
第一次见到这么多同样热爱音乐的人聚在一起，这让我有一种遇到同类的感觉；
第一次拉全琴，尽管这对当时的我来说压力有点大，但还是把它硬撑下来了；
最重要的是我第一次产生了去美国念书的想法。

Ch. 5
Glissando

-2
德国的大师班

-2
德国的大师班

从美国的夏令营回来之后，
我和那个在夏令营认识的德国男生又一起报名参加位于德国的一个大师班。

报名之后，还要过去参加面试，大师班的老师会认真地听每个人寄过去的曲子，
在面试的时候他跟我讲："我很喜欢你拉的韦瓦第，你可不可以再拉一次给我听？"
听完之后他还会帮我修，告诉我哪里可以更好。
后来那个老师就问我还可以拉什么，我就给他拉了一首之前开演奏会练过的匈牙利舞曲。

拉完那首曲子的第二天老师就跟我说，这首曲子会在明天的记者会上做结束表演。
从小我妈就跟我们说，永远都要有自己的口袋歌，
不能今天这首曲子学完了就忘了，下次要表演的时候还要在台上看谱，
要永远做那个准备好了的人，像郎朗就有 100 首口袋歌。
去大师班之前我刚开完演奏会，至少有 10 首口袋歌，所以我才能有这个机会在记者会上演奏，
在大师班里也有非常多的上台机会，因为我马上能拿出来表演的曲子更多一些。

德国的大师班和美国的夏令营不同，夏令营里还是有很多小朋友或者学生的，
但是大师班会有更多年纪大一些的也更专业的音乐家。
除了上课，还要在很多音乐家面前表演，现在想起来我也觉得小时候真的挺勇敢的，
现在上大师课我都会非常紧张，小时候反而总是很从容。

-3

-3

Ch. 5
Glissando

-3
荷兰音乐节

-3
荷兰音乐节

两次国外的营地经历，让我在是出国学习音乐还是继续留在台湾上学的问题上很纠结。
我很喜欢上学，也很想留在台湾，
就跟我妈商量，可不可以晚一年再去美国。
我妈跟我说，如果我留在台湾继续念书的话，
我以前一天至少练琴 6 个小时，现在要考虑到学业，
那就连一天一个小时都没有，大提琴就要断掉，很难再走专业路线了。
也是因为这个两难的状况，我们决定跟学校请假，去荷兰的音乐节看一看，回来再做决定。

荷兰的音乐节是我一直想去的一个大提琴的音乐节，
从那儿回来之后我就决定要积极地去准备美国的考试。
原因很简单，那个音乐节给了我很大的冲击，
营队里每天都有有名的大提琴家在演出，或者年轻一些的人在比赛，每天的活动都排得满满的，
我当时就只有一个想法，就是想像那些人一样，上台演出。
那个舞台就像是有魔力一样，时刻吸引着我。

Ch. 5
Glissando
-3

这个音乐节请了很多音乐家，每天都有很多演出和演讲，有很多的大师课。
近距离跟这些音乐家见面，感觉就像是被音乐洗礼一样，
他们对音乐的热爱和感悟是我从未见过的，
我不再纠结是不是要离开台湾去美国，
因为我明白，去哪里学习并不重要，重要的是跟谁学。
我决定去寻找我的“同类”，去看一个全新的、未知的世界。

Ch. 5
Glissando

-3
荷兰音乐节

Ch. 5
Glissando

-3
荷兰音乐节

[×]

Ch. 6 Double Sharp
重升

柯蒂斯

-1
决定
Days filled with etudes

-2
茱莉亚
"She can go everywhere she wants to."

-3
你好，霍格沃茨
Hello, my magic city

-I

Ch. 6
Double Sharp

-I

-1
决定

Ch. 6
Double Sharp

-1
决定

从荷兰的音乐节回来之后，我下了去国外念书的决心。
当时有 3 个备选学校：茱莉亚、柯蒂斯和柯本。
每一个学校都有自己的入学考试要求。

在 3 个考试里，柯蒂斯需要准备的内容是最多的。
拿协奏曲的考试来举例，如果柯蒂斯的要求是要拉完协奏曲的 4 个乐章，
那么茱莉亚可能只需要准备 1 个乐章。
和老师商量之后，我们就决定以柯蒂斯的要求来做三场考试的基础。
这样其他学校的考试要求也都包含在内了。

柯蒂斯的考试是在 3 月，我从荷兰的音乐节回来时是前一年的 11 月，
当时就只剩下不到 5 个月的准备时间，要练习的曲目量又非常大，
所以我们准备了一个非常详细的计划表。
在这个计划表里，每一个阶段的时间安排都非常明确，包括跟老师讨论哪一首曲子是适合我的，
怎么跟老师排时间，怎么跟伴奏排时间，每首曲子粗练、细练，
从修完到可以合伴奏，再到可以上台的程度，详尽到我“只要一次不练就绝对练不完”，
整整 3 个月的时间，每天都是从早练到晚，睡觉时间都很少，
因为我要在最短的时间里做最有效的准备。
我没有时间休息，也没有假期，那一年过年都是在练琴和跑步里度过的。
那是充满了台北冬天微寒气息的一段时间，简单、冷冽却又非常充实。

Ch. 6
Double Sharp

Ch. 6

Double Sharp

-1

Ch. 6
Double Sharp

-1

Ch. 6
Double Sharp

-2
茱莉亚

-2
茱莉亚

在落地美国的那一刻，我才突然觉得有点紧张。
拿着行李走在陌生的人群中，周围是陌生的语言、陌生的面孔，
迎面而来的是陌生的空气和陌生的世界。
这次好像和以往的每一次都不一样了，
从这里开始，我能够踏上自己期待的旅程吗？我会待多久呢？
而那些未知，又会以怎样的方式展开呢？

妈妈朋友的朋友，梁阿姨和梁叔叔在机场接我们，在见到他们的时候，有一部分不安被冲淡了。
虽然我们之前并没有见过面，
但妈妈的朋友在知道我们要来考试的第一时间，就为我们介绍认识了热情的梁阿姨和梁叔叔。
他们带着我和妈妈去吃东西，找住的地方，并妥善安排所有的一切。
到了住处，我的第一件事就是检查我的琴。
大提琴走的是托运，在长时间的航空运输中，由于地面和高空的温度差，
在冷热变换的过程中很可能会导致琴弦或其他零部件松动。
幸运的是，我的琴一颗音都没有掉，真是担心了整个行程。

Ch. 6
Double Sharp

-2
茱莉亚

-2
茱莉亚

安顿下来后，我们去看了学校。
妈妈在 Facebook 上找到了一位茱莉亚的老师，
写信说因为我要考茱莉亚，能不能先去听一听她的课。
这位年轻女老师给我们回了信，我们就先去了茱莉亚。

跟老师说明了情况，告知了我们的计划：茱莉亚、柯蒂斯和柯本，这三个学校是我的目标。
第一天上完课之后，老师叫住了我妈妈，跟她说：
“我希望娜娜能够留在茱莉亚，如果她考虑留下来，我会帮她安排学校的事，包括奖学金的申请。”
同时她也说，“对柯蒂斯来说，娜娜太小了。最大的问题，可能是她不会碰到跟她同龄的同学。
但是茱莉亚不一样，茱莉亚很丰富，我们专门有一个针对低年级学生的特别计划，
除了个人课之外，一个星期我们会有三次团课，让所有有天分的孩子共同成长。
我认为茱莉亚是比柯蒂斯更适合她的学校。”
她最后说了一句让我至今都倍感鼓舞的话，她说，“She can go everywhere she wants to！”

在经过一个人沉默地对着一面墙的漫长准备之后，在我忐忑地拿起我的弓，
像一个战士那样去攻陷我的第一个学校之前，就得到了一个如此热情而丰盛的邀请，
这既是一个肯定，也是一种善意。
但另一方面，心里又很纠结，这是一个非常好的机会，
可我还是想去看看我准备好了的考试，它们到底能达到什么程度？

Ch. 6
Double Sharp

Ch. 6
Double Sharp

-3

Ch. 6
Double Sharp

-3

-3
你好，霍格沃茨

Ch. 6
Double Sharp

-3
你好，霍格沃茨

柯蒂斯和其他音乐学校有很大不同的地方是，柯蒂斯全校只有 160 多个学生，
大提琴一共只有 13 把，每个学生都是全额奖学金，毕业一个才会再招一个，
这是一个比哈佛的录取率还低的学校。
我当时一想到自己要去跟无数厉害的人来竞争这一个名额，就觉得自己真是胆子也挺大的。
到美国的第三天，梁叔叔和梁阿姨开车带我们去了费城。
为了专心考试，我们租的旅馆就在柯蒂斯的旁边。

柯蒂斯的考试分初试和复试，初试是在网上填报资料。
复试是面试，面试分两轮，来参加第一轮面试的大概有 70 个人，
然后从这些人中选出 12 个人参加第二轮面试。

到费城的第二天，就是柯蒂斯面试的日子。那天早上我背着琴打开旅馆的大门时，发现费城下雪了。
我走在飘雪的路上，当慢慢走近不远处柯蒂斯带着中世纪气息的建筑时，
恍惚感觉自己是去哈利·波特魔法世界报到的新生，我正在走向霍格沃茨的城堡里。
我当时，几乎第一眼就确定了自己的心，我想留在这个城市，想留在柯蒂斯。

柯蒂斯考试的大楼，也延续了同样厚重古朴的气息。
我们这一批的十几个考生被带到了一个有着挑高空间的大厅里。
一个留着白胡子，头发也花白的老先生站在长长的回旋楼梯的入口处，
微笑着用一种男高音强调：
“考生们，非常欢迎大家来到柯蒂斯——
你们都是优秀的！你们每一个人，都将有机会进入柯蒂斯——”
然后他告知我们考试的流程：我们将按顺序考试，
学校为我们安排了琴房，每个考生在考试前会有 20 分钟的练习时间。

-3

Ch. 6
Double Sharp

-3

Ch. 6
Double Sharp

-3
你好，霍格沃茨

-3
你好，霍格沃茨

柯蒂斯的那间琴房是一个非常有历史感的房间，有高高的天花板和美丽的壁纸。
大提琴的声音在这间琴房里变得前所未有的好听，
在那短短的 20 分钟里，考试带给我的紧张完全被这个房间带给我的静谧和宁静给冲淡了。

20 分钟的练习结束后，我们需要去一个比较小的房间考试，老师会一首一首地听我们准备的曲目，
听完一首会跟我们交流，讲这首曲子怎么样，我们还能怎么拉，其实是一个很简单的过程，
当时对自己的表现还挺有自信的。
等考完试之后往外走时，突然就看见了一面墙上贴了今天来考试的所有考生的照片。
我一看都惊呆了，这张名单上有好多人都是我在 YouTube 上关注的大提琴拉得非常棒的人，
都是我想要学习的对象，甚至有我已经在 YouTube 上关注了很多年的人，
没想到竟然和我一起参加考试！

柯蒂斯会在第一天的面试结束后的晚上发榜，公布能去参加第二轮面试的名单。
我第一轮面试结束后，一个在费城的阿姨带我和妈妈去吃饭，顺便等着柯蒂斯的榜单。
我记得当时我们三个人点了三盘菜，却因为很紧张，菜基本上都没有动，最后都打包带回去了。
从饭店出来后我们又回到了柯蒂斯，当柯蒂斯的工作人员拿着那张名单从楼梯上走下来的时候，
我妈紧张得腿都软了，根本站不起来，反而是我“嗖”一下就冲出去了，
当我看到那张名单上有我的名字时，那一刻的感觉非常难以形容。
激动、兴奋，感觉心脏都要“怦怦”地跳出胸腔，
我迅速跑回去给我妈比了一个“OK”的手势，
告诉她，我通过了。

Ch. 6
Double Sharp

-3

-3

Ch. 6
Double Sharp

-3
你好，霍格沃茨

-3
你好，霍格沃茨

进入下一轮面试的只有 12 个人，但是来参加第一轮面试的，
每一个人都是被大家认为非常优秀的、实力被认可的选手。
我记得在琴房练琴的时候，
我旁边有一个耶鲁大学的姐姐，我们拉同一首练习曲，但是她比我快三倍。
发榜之后，这个姐姐没有在名单里，她当场就哭了，
陪在她身边的朋友也都非常惊讶，不敢置信地大喊："怎么可能？！"
我感觉到自己的幸运，如果我没有进入第二轮面试，大概也会非常难过吧。

第二轮的考试，是在一个音乐厅里演出，我后来才知道这是柯蒂斯非常重要的表演厅。
考试的内容是要拉一首完整的乐章，但结果却不是马上就能出来的。
表演结束后，我们从那个音乐厅里走出来，费城的雪还没有化。
我和妈妈走在柯蒂斯校园的路上，我跟她说，柯蒂斯是所有音乐人的梦想，
如果我这一年考不上，明年还要来考。

回到台湾后，在 3 月的某个下午，我妈突然接到了柯蒂斯的电话，通知她我被录取了。
我妈当时就哭了，冲到我的房间告诉我："娜娜，你被录取了！"
我有一瞬间根本没有反应过来我妈在说什么，我不知道我是怎么度过那一段惊喜的时间的，
现在能回想起来的就只剩下巨大的喜悦和激动了，我在内心里暗自惊喜，
原来我的祈祷都被听到了，
原来我努力地去做一件事情真的是能看到结果的。

美好的生活没有预告，它经受住绝望的氛围，然后出现不行而至，不被认识，不带来什么，而你就在那儿。

18 Eighteen

当美好遇见美好 非卖品

Postcard Not for sale

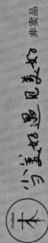

〔▼〕

Ch. 7 Spiccato 顿音

北京爱情故事

Ch. 7
Spiccato

Ch. 7
Spiccato

-I

Ch. 7
Spiccato

-I

Ch. 7
Spiccato

-I
试戏

-I
试戏

在准备柯蒂斯的考试的那一年冬天，
《北京爱情故事》的制片人找到妈妈，希望我去试一试这个戏。
那个时候正是临考之前最忙乱的几个月，我每天睁眼醒来的每分每秒，都需要为考试做准备，
所有的时间也都被练琴占用了。
但后来发现，缘分这件事之所以奇妙，大概是因为早就注定好了吧，
我和《北京爱情故事》之间的缘分，和北京这座城市的缘分，
也早在我还没意识到的时候就已经注定了。

在收到柯蒂斯的录取通知书之后，我的生活一下子从备考的紧绷状态里放松了下来，
那时候离《北京爱情故事》开机还有一个月的时间，制片人又打电话过来问我们，
刚好那个月妈妈和姐姐有事要去北京，我也就跟了过去。
到了北京，一下飞机就被拉到了剧组试戏。
在这之前，我从来都不知道“剧组”原来就在酒店的一间房里，房间不大，
但所有人都很认真地在做开机前的各种准备。
大家互相介绍完之后，陈思诚导演说：“娜娜，我们来试试吧！”
当时我还处在一种很蒙的状态，什么准备也没有，之前也完全没看过剧本，
就在这样一种不知道需要做什么的状态下拿到了满满两页文字的纸，
让我和房间里一位对手戏演员对台词。

-2
我不想我的生命中只有大提琴

Ch. 7
Spiccato

-2
我不想我的生命中
只有大提琴

试完戏后，陈思诚导演把我叫到一边，很严肃地问我：
“娜娜，你想演这部戏吗？”
我告诉他：“我想。”
导演接着问：“为什么？”
“我不想我的生命中只有大提琴。”

我现在都能回想起来，当时听到这句脱口而出的话时，自己吓了一跳。
那个时候的我还是一个很容易慌乱的人，不确定的时候会慌，十分确定的时候也会慌。
明明才刚从密集的考试中解放出来，才刚通过了梦寐以求的考试，
好像就要站到职业演奏家的路途中去了，好像一切的安排都要按部就班地展开时，
心里总有一点小小的怀疑和惶恐，我以后一辈子都要和大提琴在一起了吗？
除了大提琴，我还能做什么？
而现在就有这样一个尝试摆在面前，它完全陌生却又充满了诱惑，
它可以满足我对这个世界刚刚升起的好奇心，也会在我的未来留下一段跟大提琴不一样的声音。

Ch. 7
Spiccato

-3
不会跳舞的女孩

-3
不会跳舞的女孩

在《北京爱情故事》最开始的剧本里，
“刘星阳”是一位会跳舞的女生，贯穿整部戏的也不是音乐，而是一双红舞鞋，
所以在试完戏后，导演问我会不会跳舞。
其实我最不擅长的事情就是跳舞，虽然从小就学音乐，但跳舞绝对是弱项，
有时候一紧张连走个路都会同手同脚。

那天在剧组里，不仅男主角来了，为了配合剧本中的“刘星阳”，
还有十几个舞蹈学校的同学都在现场，我只好硬着头皮在这么多人面前跳了一段。
这其实是一个非常尴尬的过程，我能感受到周围的人在看到我跳舞时不敢置信的目光，
大概是没想到我能跳得这么差吧。

“红舞鞋”是整场电影中非常重要的一个元素，
找一个不会跳舞的女生来演会跳舞的女生，这时候连导演也犹豫了。
佟丽娅姐姐也没想到我这么不会跳舞，她去跟导演说：“或许我可以教她。”

Ch. 7
Spiccato

-3
不会跳舞的女孩

-3
不会跳舞的女孩

陈思诚导演同时也是《北京爱情故事》的编剧。
在剧本里，一双红舞鞋是贯穿整部电影的关键元素，
但是我不会跳舞，导演就很挣扎，他也很犹豫到底用不用我。
这个时候，《北京爱情故事》的艺术指导过来跟导演说：
“你如果手上有老虎伍兹，你却跟老虎伍兹说，你去打篮球；
或者说你手上有乔丹，你跟乔丹说，你去打高尔夫球；
而你现在手上有一个非常会拉大提琴的女孩儿，你却跟这个女孩儿说，你要她去跳舞？”

也就是因为这个有意思的比喻，陈思诚导演把整个剧本都改了，
原本的红舞鞋变成了大提琴，整个剧本的结构也用了韦瓦第的《四季》来贯穿整部电影，
《北京爱情故事》的核心也从舞蹈的元素，变成了音乐的元素。

我争取到了这个改变我整个命运轨迹的角色。

Ch. 7
Spiccato
-3

Ch. 7
Spiccato
-3

Ch. 7
Spiccato

-4
革命战友和北京家人

-4
革命战友和北京家人

我和刘昊然相识于《北京爱情故事》，
第一次进剧组试戏时，我一进剧组的房间，就看到他直愣愣地站在那里，很安静，
就像是一个邻家的大哥哥，不会让人感到拘束，那是我第一次见到刘昊然。

《北京爱情故事》是我们各自拍的第一部电影，对我俩来说，
整个拍摄过程中的每一天，都是一场未知的挑战。
进组之后，副导演对我们的要求是“你们要去寻找故事里这两个角色的生活”，
所以为了更好地找到人物的感觉，我们一起做了很多现在看起来很傻的事。
两个人一起去了他们的学校，去走他们走过的十字路口，去他们相遇的公交车站台等车，
在那条“五棵松及五棵松下一站”的公交线路上，来来回回地坐公交车……

-4
革命战友和北京家人

Ch. 7
Spiccato

-4
革命战友和北京家人

当时我们两个都是新人，第一次拍戏，不知道自己会演成什么样子，
面对导演的要求时，心里会没底，会害怕，不知道自己到底做到了没。
也就是在那段时间，我们一起经历了同样的冒险，一起承受导演每一条要求的压力，
一起承担这个世界的未知，就这样慢慢地建立了我们的革命情谊。

这部戏拍完之后，北京就成为了我的第二个家，很多时候，回到北京之后就会有一种归属感。
在拍摄这部电影的几个月里，妈妈的朋友、我的朋友、我的老师等，
我们渐渐凝聚成了一个“北京一家人”的小团体，大家还建了一个微信群，每天都很欢乐。
每次到北京时，大家就组织聚在一起吃饭。
在我的音乐会上，大家还会统一穿同样颜色的衣服，坐在观众席最中间的位置给我打气。
我们总是这样在一起，互相支持，互相关爱。
这座城市，也因为有他们的存在，给了我一种非常奇怪的安全感，
无论在什么情况下，只要我回了北京，就会非常安心。

Ch. 7
Spiccato

-5
第一次哭戏

-5
第一次哭戏

那是宋歌骑着脚踏车跟在公交车后面追，我在公交车上默默掉眼泪的一场戏。
拿到剧本的时候，我其实非常担心自己哭不出来，
毕竟我没有谈过恋爱，没有失恋过，也没有经历过这么伤心的离别。
我当时很愁：万一当场哭不出来怎么办？会不会连累公交车再开回去重新来一次？
在这场哭戏前，剧组已经开始给我准备催泪棒这一类的东西了。
但这时候《北京爱情故事》的副导演，一个非常厉害的香港导演，他觉得我不需要这些东西。
他想了一个办法：
“虽然你的人生并没有提供给你可以参考的伤心的体验，但你是一个学音乐的人，
我觉得你能够从音乐里找到悲伤。”
他找了电影《辛德勒的名单》的主题曲给我。
那是一首小提琴曲，当我坐在公交车上开始准备的时候，副导演把耳机戴到了我的耳朵上。
我当时并没有看过《辛德勒的名单》，但是音乐告诉我，这是一个伤心的故事。
我让自己慢慢地沉浸到那些难言的情绪里，在音乐中，经历了这场离别。

Ch. 7
Spiccato

-5

-6
杀青

Ch. 7
Spiccato
-6
杀青

迄今为止最舍不得的一次杀青，就是《北京爱情故事》，
当天大家在一起吃饭的时候，我就忍不住一直掉眼泪。
《北京爱情故事》对我来说是有特殊意义的一部戏，因为《北京爱情故事》，
我第一次开启了对未知领域的冒险，第一次接触到电影，第一次知道“戏剧”是怎样一回事……
每一天都在接受新的挑战和压力，每一天也都充满了新鲜感。
我因为《北京爱情故事》而爱上了北京这座城市，一直到现在，我去过世界上的很多个国家和城市，
北京依然是我除了台北之外的第二个故乡。

Ch. 8
Sostenuto
保持音

费城生活

-1
兵荒马乱的新生活
Unprepared for new life

-2
我的朋友和我朋友的狗
Companion of friends in a strange country

-3
多元化的美国
There were many fantastic ideas every day

Ch. 8
Sostenuto

Ch. 8
Sostenuto

Ch. 8
Sostenuto

-1

-1

-I
兵荒马乱的新生活

Ch. 8
Sostenuto

-I
兵荒马乱的新生活

人生中最放松的一段时光，就是在去柯蒂斯上学前的那段日子。
但轻松的日子总是过得飞快，到了这一年的 8 月底，
我和妈妈开始打包去美国的行李时，
我才突然意识到，我是真的要离开自己的家去另外一个陌生的城市生活了。

我们几乎是没有任何准备就到了美国，
落脚之后才开始找地方租房子安定下来。
在美国的前两个月，我妈每天都在买各种东西，
而我要先去熟悉学校，每天回来时，都觉得出租屋里好像又变化了一点，
今天多了锅、碗和扫帚、簸箕，
明天又多了我喜欢吃的罐头和饼干，
我妈就是这样一点点添置好需要用到的各种东西。

刚入学的时候柯蒂斯有一个新生训练，
训练结束之后，每个人会有一张自己的课程表，需要在学校网站上选课。
而确定好要上的课程之后，
就要快速熟悉从家到学校，从学校的一间教室到另一间教室的路程了。
柯蒂斯都是一对一的教学，一个教授教一个学生，
每天早上，我都会背着我的琴去上文化课，下午上团课，所有的团练都是在乐团里进行。

-I

-I

Ch. 8
Sostenuto

-I
兵荒马乱的新生活

-I
兵荒马乱的新生活

可能考其他乐器的同学，他们的年纪不到 16 岁就可以不用去乐团练习了，
可是柯蒂斯的大提琴只有 13 把，一个萝卜一个坑，如果我不去的话人就不够，
所以我是乐团里年纪最小的那个萝卜。
乐团每天都有大量的团练，拉的曲子也不是那么容易，
而所有能在这里进行团练的哥哥姐姐，都非常厉害，我有不懂的地方也经常会请教他们。
在乐团的每一天都过得很紧张，可也是在这种随时都被优秀的人包围的压力下，
我每天都能看见自己的一点点进步。

柯蒂斯每年都会在费城的音乐厅里举办两场大型的演奏会，
平时也会有定期的演出和排练，而每一天大团练琴的时间也不固定，会临时通知大家。
刚到费城的前两个月，有一次要排练那场大型的演奏会，我接到通知说是要在演奏厅集合，
就傻了吧唧地背着琴跑到了学校的演奏厅，结果到了一看就傻眼了，一个人都没有！
我本来就是那种容易慌的人，又是在一个相对陌生的地方，真是非常紧张。
其实集合地点是费城的演奏厅，不是学校的演奏厅，
我没有搞清楚状况，发现走错了地方之后就很着急，好在两个地方离得不远，
最后还是顺利找到了，但却依然迟到了。
柯蒂斯要求很严，如果学生迟到，就会给监护人发短信告知，
所以那天我妈第一时间就知道我演奏会迟到的事了。

那是一段慌里慌张的日子，
在费城最开始的时间里，我就像一个中学生被提前扔进了大学校园里一样，每天都早出晚归，
努力去适应新的环境，习惯新的生活。

-2

-2

-2
我的朋友和
我朋友的狗

Ch. 8
Sostenuto

-2
我的朋友和
我朋友的狗

不论到了哪里，“家”对我来说都很重要，因为“家”里有我爱也爱我的家人。
在费城的家里，我还有一个规模不输给“北京一家人”的“费城一家人”，
而培阿姨是我在美国的第一个好朋友。
当时在我要去柯蒂斯的消息确定之后，黑人哥哥（陈建州）很快就给我妈打电话，
恭喜我考上了柯蒂斯，还告诉我们范范姐姐（范玮琪）的表弟也是柯蒂斯毕业的，他们家就在费城，
有任何需要帮助的地方，都可以找他们。
而在我们出发的前几天，范范姐姐的姑姑——培阿姨，刚好从美国回台湾，
黑人哥哥介绍我们互相认识。
在我们到费城的最初那几个星期里，
每到周末的时候，
培阿姨都会带着她的狗，开车过来接我和妈妈去菜市场买菜，或者陪妈妈去买家具。
在妈妈有工作回台湾的时候，培阿姨也会带着狗过来陪我睡觉。
到后来我觉得培阿姨根本不是我妈的朋友，她完全是我的朋友，而且是最好的朋友。
于是在跟别人介绍的时候，我会非常自豪地说：“这是我的朋友和我朋友的狗。”

Ch. 8
Sostenuto

-2

-2

Ch. 8
Sostenuto

-2

-2

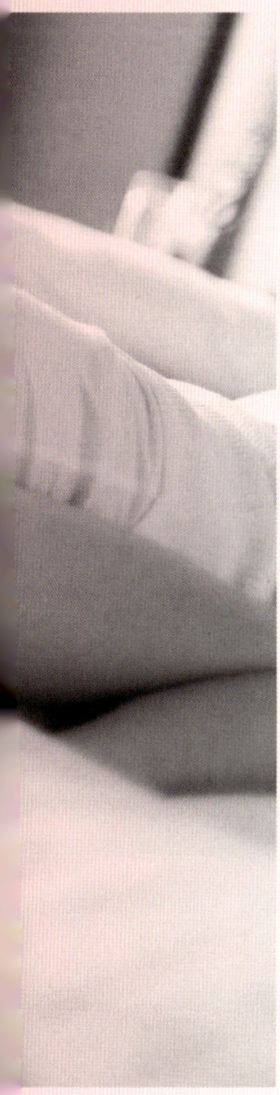

Ch. 8
Sostenuto

-3
多元化的美国

Ch. 8
Sostenuto

-3
多元化的美国

在美国的第一年很紧张，可能多半是心理的紧张——
我要适应新的学校和跟以前不同的教学方式。
但实际上，我在美国的空闲时间却比原来多了很多。
从小到大我都没有多少自己的时间，直到来了美国之后，我开始有时间上网，
接触除了大提琴之外的东西，那个时候我还看了李宗盛老师的视频，开始自学吉他。

其实我在台湾的时候，因为要参加公益活动，
也会弹一些像《感恩的心》或者《望春风》这样通俗的曲子，
但到了美国之后，学校里有来自韩国、日本等不同国家的人，我的音乐就不再局限于古典音乐，
而是接触到了更广、更多的音乐，现在想想，我的流行音乐启蒙也是在美国，是在柯蒂斯。

在美国的这段时间开启了我很多隐藏的技能，
我的生命中不是只有大提琴了，更多新鲜的、更有挑战性的事情在等着我，
我每天都有很多的“突发奇想”，我不会忽略这些奇妙的念头，如果我有足够的时间，
我会一一实现它们。

Ch. 8
Sostenuto

-3

-3

[𝄽]

Ch. 9 Crotchet Rest

四分休止符

休学风波

-1
一切源于害怕
I was afraid of falling behind

-2
三个承诺
Thank you for supporting me

-3
“退学”
The tide surged to me

-4
认清
I knew what I wanted

-I

一切源于害怕

Ch. 9
Crotchet Rest

-I
一切源于害怕

我很在乎别人的想法，尤其是我身边的人的想法，
所以在做每一件事或是说每一句话的时候我都要先想三遍，
考虑一下这个人怎么想，那个人怎么想，然后才把这句话讲出来。
我跟我妈时常会因为这件事争吵，
她不理解为什么我连“我要”或者“我不要”都不能直接说出来，
但是我总是习惯性地考虑清楚才开口。

在费城生活的第二年，心里开始感到空虚，因为在国内的时候每天都好忙好忙，
而现在开始感觉到自己没有进步。
外界都认为我离开学校是我妈妈的决定，其实不是。
因为我从小就是一个有一点害怕表达自己的人，我所有的声音都被压在了音乐里。
当我开始慢慢肯定自己心里那个要离开学校的想法时，差不多经历了半年到一年的徘徊期，
同时也不知道怎么开口。

-I
一切源于害怕

Ch. 9
Crotchet Rest

-I
一切源于害怕

一直到 2015 年暑假，因为要准备音乐会和专辑，
我在假期回到台湾上初中大提琴老师的课时，把我的犹豫和困扰告诉了我的老师。
当时我在美国没有办法达到自己的目标和要求，但又不知道用什么方式来解决这个问题，
就想问问老师有没有什么办法来解决，或者，我可不可以暂时先休学。
我从小就在台湾学琴，一开始是对美国的教学方式和身边的环境不习惯，
没有办法像在台湾时过得那么有规划，有考试就努力去拼这场考试，定下一个目标后就一定要达到。
在美国的生活太安逸了，我达成一小点成就，老师都会觉得特别棒；
做得不好，老师也觉得没关系，你还小。
只是这样我会觉得没有任何压力，在美国过得太开心了，没有大的挑战需要我去面对，
也找不到自己的位置到底在哪儿，就非常害怕自己会退步。

-I

Ch. 9
Crotchet Rest

-I

Ch. 9
Crotchet Rest

-2 三个承诺

等我下定决心要跟妈妈讲我不想再回学校的时候，是在一间咖啡厅里，
我没有抱太大的希望她会支持我，毕竟我们最开始的目标就是在柯蒂斯念完 9 年毕业，
没有讨论过在这中间我会突然离开学校。
没想到的是，我妈竟然说好，她说："既然你不想念，我们就写信给学校。"
妈妈答应我的那一刻，激动的同时，我也很感动。
我知道如果换成别的父母，可能会非常不理解我的这个决定，当然也不会支持。

我给了妈妈三个承诺：
第一，不会放弃英文的学习；
第二，不会放弃音乐的学习；
第三，18 岁的时候会回美国念大学。

后来我才知道，在我跟妈妈聊之前，我的大提琴老师已经把我想要休学的想法告诉妈妈了，
她同样也是反复考虑了很久，但最后依然决定尊重并支持我的决定。

-3

Ch. 9
Crotchet Rest

-3

Ch. 9
Crotchet Rest

-3
“退学”

-3
“退学”

下定决心离开学校的时候已经是 8 月了，马上就到了开学的时间，
这个时候学校的奖学金已经寄过来了，通知我下学期去上课的时间。
我和妈妈就开始商量着这封给学校的英文信该怎么写，解释为什么我想要离开学校。
做完这件事情之后，我觉得我还需要给我的粉丝朋友们一个交代，
毕竟他们一直陪着我经历了《北京爱情故事》的拍摄，再到我去美国念书，我想要写一封信给他们。
当时定好了这封信会在 9 月 10 日的时候在脸书上发出去，
谁知道在这封信未发出去之前，就有新闻爆出来说我被退学了。

“被退学”是学校综合学生迟到早退或者不好好念书等各种考量后决定把学生赶出这所学校，
和学生自己休学完全是两回事。
台湾的媒体和内地的很多媒体当时就炸了，我的粉丝也炸了。
一夜之间就传出了各种猜测，
说我在课业期间飞去工作，不好好念书，所以被退学了，说我是为了赚钱。
我想不明白为什么会有人这么说，这在当时对我来说是一个很大的新闻，
也是一个很大的打击，直到现在还有很多人不清楚我到底是被退学还是休学。

这两年经历得多了，面对负面新闻的时候也会相对平静，
但当时年纪还小，新闻刚爆出来时简直就是一道晴天霹雳。
如果新闻只是说我决定休学也就算了，这是事实，
可是它当时讲的我好像是被迫退学的，再加上很多网友的负面评论，
这就让我非常非常难过。

Ch. 9
Crotchet Rest

-4
认清

-4
认清

这几年来，我慢慢学会的一件事情就是：
要放下别人的眼光去做我自己想做的事情。
这对我来说很困难，因为我从小就希望每一个人都是我的好朋友，
希望每一个人都不会不开心，希望我自己没有做什么不对的事情。
后来我发现，我没有办法让所有人都来迎合我，尤其是我做出离开学校这个决定，
我的很多朋友都不理解，甚至我的一些家人，我的外公外婆，
他们可能真的不理解我怎么就突然不上学了。
这个时候我才慢慢了解到，
别人的看法虽然我依然在意，但自己跟自己沟通才是最重要的，
只有自己明白自己想要什么。

Ch. 9
Crotchet Rest
-4

Ch. 10
Mordent
波音

偶像的力量

Ch. 10
Mordent

-1
偶像来了

-1
偶像来了

做出从柯蒂斯休学的决定时，我还在录《偶像来了》，
我在《偶像来了》的群里面讲了我可能要休学了这件事。
大家当时可能也是惊讶的，但他们很快就明白了我的决定，也跟我讲了很多肺腑之言。

汪涵哥以前在群里都只是开开玩笑，那次却讲了很长的一段话。他说：
“每一个人都要以自己最应该有的样子活在当下的环境里，
生活原本就是由一些不期而遇的幸福和许多突如其来的困难组成的，
每一个艺术家都是由自己的艺术观培养而成的，
这个艺术观的基石是宇宙观、世界观、人生观和价值观。
而人生中的幸福，特别是苦难，则是滋养他最重要的阳光和水分，当然还有的就是时间，
这一切你慢慢都会有，也必须有。所以我们一定可以看到更好的你，听到更好的你。
如果艺术是美好的，那么艺术家一定是痛苦的。
你从这一次因艺术而产生的艰难痛苦与挣扎中一定能体会到这一点，
但是我要恭喜你的是，你已经真正踏入了艺术家之路。
不要害怕所谓艺术家的痛苦，因为你可以用它换来最恒久和美妙的幸福。
美好的生活没有预告，它经受住绝望的氛围，然后出现不行而至，
不被认识，不带来什么，而你就在那儿，加油。”

何老师也告诉我：
“我觉得人生应该要顺着来，没有什么必须遵从的决定。
因为每一个人的人生都是不一样的，决定了就不用回头，记住只要有选择权总是最幸福的。”

我非常感动也受益匪浅，如果每一个人的人生都是一样的，那还有什么好玩呢！
人为什么不能从 15 岁就开始奋斗呢？

Ch. 10
Mordent

-1

-1

Ch. 10
Mordent

-2

-2

Ch. 10
Mordent

-2
坚定

-2
坚定

《偶像来了》在上海的最后一站，有一个环节是赖声川老师安排我们演戏，
我演《暗恋桃花源》里面那个小护士，所有人都演完之后，
宁静姐过来跟我说：“我感觉你演得很好，特别自然，娜娜，你一定要努力成为一个好演员。”
我当时很惊讶，因为宁静姐是那种很直的人，她不轻易去夸一个人，
而那个时候却过来安慰我，要我坚强。
她告诉我：“只有你最清楚你自己在做什么，很多时候旁人是没有义务一定要了解你的。
你要学会受委屈，要学会不在外面表现自己的委屈。
我们是不哭的，我们要做一个强者，强者不能在别人面前哭。”

那一刻我接受到一股很强大的力量。
我告诉自己，我要变强。
在很长一段时间里，我强迫自己不能掉眼泪，
甚至在一个人看电影的时候，都强迫自己忍住不哭，流眼泪是弱者的行为。
一直到现在，也只有在我演戏的时候，在我不是欧阳娜娜的时候，我才能完全把情绪释放出来。

-3

Ch. 10
Mordent

-3

-3
那些偶像教我的事

Ch. 10
Mordent

-3
那些偶像教我的事

在每一个时间点，我总是遇到很多很多教会我不同事物的人，
他们告诉我人生应该要有怎样的态度。
我们在别人的人生里，找到自己前进的方向。
在自己迷茫的时候，被他们的鼓励和善意引导着走出迷雾。
我想，这就是偶像的力量。
而每当有小朋友跟我说“我是因为你才去学了大提琴”，这是我最喜欢听到的。
以前我不太懂我的粉丝为什么喜欢我，我又能带给他们什么，
也理解不了怎么会有人为了另一个人去学一种乐器。

而当我自己也站在一个似乎会影响他人的位置上的时候，我珍重这种对粉丝做出改变的可能性。
我的音乐，可能会在一些微小的瞬间，
影响到这颗星球上未知角落的另一个人，这是一种很珍贵的缘分。
而将我体会到的这些善意和力量传达出去，则是我的偶像们教给我的事。

Ch. 10
Mordent
-3

-3

Ch. 10
Mordent

-3

Ch. II

Repeat
反复

《15》

-1
敢
Record my 15-year-old voice

-2
静下来
There was only a cello in life

-3
被制作人吓到了
An immature work at the age of 15

Ch. 11
Repeat

-1

Ch. 11
Repeat

-1
敢

-1
敢

我的大提琴老师跟我说过，就算技巧不够好，音乐性不满意，
就算你认为自己还没有达到一个专业的音乐家的水平，
你也不要害怕留下一部作品，不要害怕留下自己当时的声音。

这个老师对我的影响很大，
她30岁的时候出了一张全组的巴哈无伴奏专辑，这在业内来说是一件很了不起的事情。

她说："我当时必然是不够完美的，但把30岁记录下来，
把一组在所有音乐人心中，只有成为大师级的演奏家之后，才敢于去录制的音乐留下来，
是一件令人拥有巨大成就感的事！"
当时业内人可能都不认为她能做到这件事情，但是她却敢做。
她说："我也问我自己：你觉得自己是大师了吗？
你真的敢留下自己现在不成熟的声音吗？你有勇气面对质疑和挑战吗？"
老师说想了很久以后，
她回答自己："我并不认为自己是多厉害的演奏者，但我希望留下我自己的声音。"
她那因为"我敢"而散发出来的光，让我觉得目眩神迷。

慢慢地，我也开始生出了这么一个想法：
如果……如果我也敢在我15岁的时候，留住我15岁大提琴的声音，
那10年或者20年后再回来听，肯定是不一样的。
音乐是我从小到大最熟悉的表达，我知道在每一年的每一首曲子里，有一些东西是不一样的。
我有种先不管结果是好是坏，至少能记录下此时此刻自己的冲动。
而签了环球之后，感觉自己像是打了一针镇静剂，
我开始有一种"这件事好像在它的轨道上了"的感觉。
我愿望清单上的一个很大的愿望——出专辑，它要慢慢成为一种现实了。

Ch. 11
Repeat

-2

-2

Ch. 11
Repeat

-2
静下来

-2
静下来

在准备专辑的前一个月，我放空了自己，每天除了练琴，什么都不再想了。
为了让自己更安静一些，还搬去表姐家的一个小房间里，
那间房里只有一张单人床，每天早上一睁眼就能看到我放在一边的琴。
有时候早上起来，会跟外公去跑跑步，
回来之后开始练琴，有时候睡醒之后就直接开始练琴，
等到了该吃饭的时候，阿姨会把饭送到我房间里，吃完之后接着练。

现在我也依然非常想念那一个月，
因为我已经很久都没有像那个时候一样沉淀下来了。
在准备录音的那四个星期我是既开心又担心，开心自己终于要有作品了，
而这个作品和电影又不一样，是真真切切的属于我自己的专辑，
这种感觉是很不可思议的，
但同时也会担心自己拉不好，压力很大。

Ch. 11
Repeat

Ch. 11
Repeat

-3
被制作人吓到了

-3
被制作人吓到了

很快就到了录音的时间。
第一天开始时录了我觉得最简单、最容易上手的一首曲子，结果我就被制作人吓到了。
他是我见过的世界上最有耐心的人，同时也是最严格的人。

录音的时候我在舞台上，他在后台，我们透过一个小音箱来沟通，用耳机来听声音，
他就透过那个小喇叭一直跟我讲“非常好，这遍非常好，很好，但是……”
这个“但是”后面他可以讲一分钟。
我就觉得拉了一遍之后有 30 个地方要改，他也会给我空间让我自己去琢磨怎么改，
在当下那个环境我也没时间去想别的，只想着达到他的要求。
拉了一首曲子之后我都会用耳机听一遍，听到的和拉的时候的感觉完全不一样，
我觉得在拉的时候感情做到了 80 分，录下来的可能只有 30 分，
而只有把这个感情放大到 180 分，大家才能感受得到一个刚刚及格的效果。

所以我现在再去听《15》这张专辑就会觉得很奇怪，我好像一边克制自己，一边在夸大自己。
在整个专辑里，充满了一种“没有感情”的冷静。
有时候想想，这种“没有感情”可能就是我当时的感情，
可能现在的我，觉得可以有更好的表达，但当时就觉得刚刚好。
这就是记录下来的意义，
专辑就留存在了整个时间的长河里，关于我自己 15 岁的某一个切片的瞬间。
那个瞬间，又青涩，又别扭，但整个人，
又好像想要大声呼喊出什么的样子。

-3

Ch. 11
Repeat

-3

Ch. 11
Repeat
-3

[b]

Ch. 12 Flat 降

成长

-1
压力清零
Come on, Ouyang Nana

-2
世界变大了
The two part of my world

-3
成长的标志
I began to like to be alone

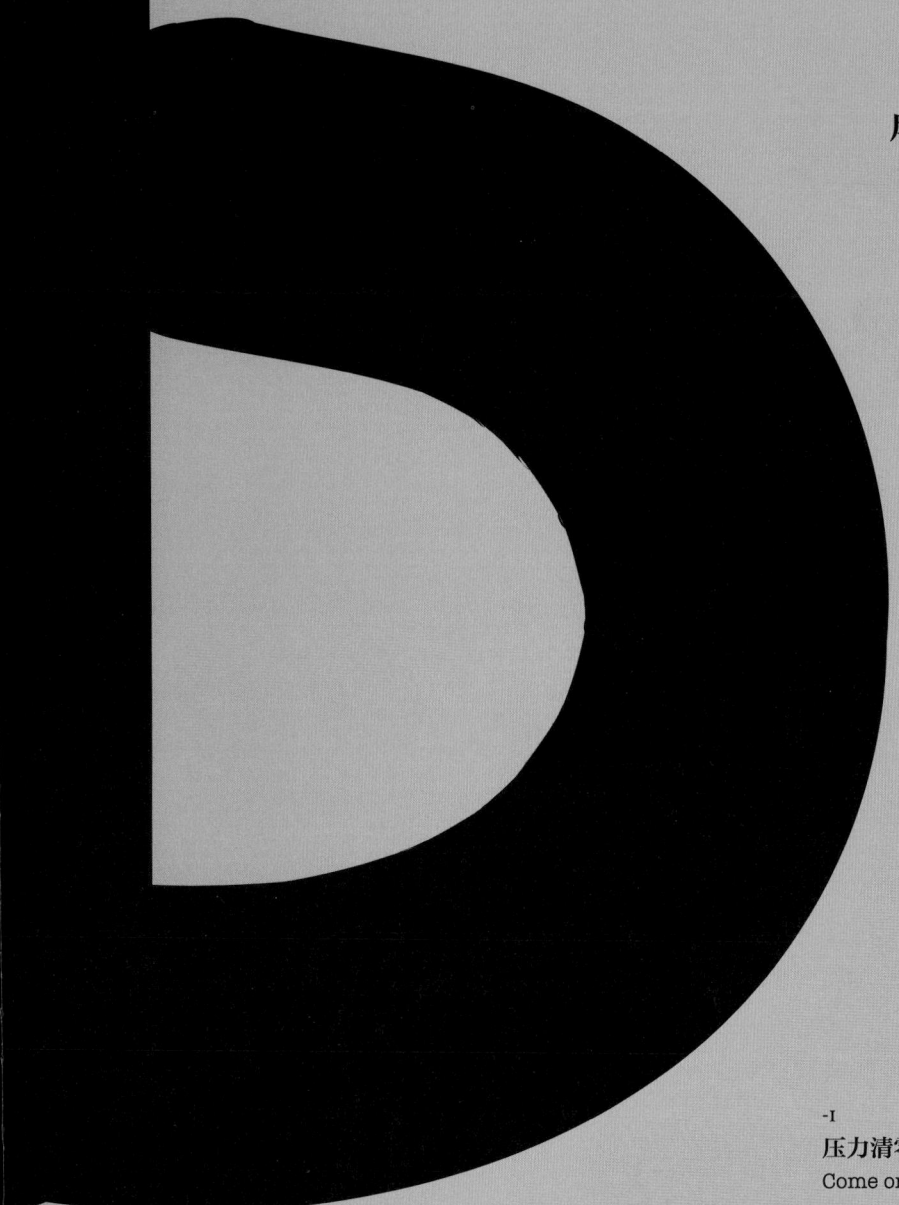

Ch. 12
Flat

-I
压力清零

-I
压力清零

《是！尚先生》第一集播出的时候，我是在北京的一家酒店看的，
在播出之前我们都没看过最终剪辑好的成片，所以当时既兴奋又紧张。
看完第一集的时候，我其实自己感觉也不太好，感觉会被骂，
至少会被我的粉丝说“这个角色有点夸张，不太像你”，但我没想到的是会被全网否定。
所以，在事件一开始的时候，我自己是蒙的。
那段时间我身边的人都不敢跟我讲话，但我又想表现出我不在意、无所谓的样子。

电视剧播出的时候我正在进行演奏会的巡演，日程排得满满的。
每一天都过得特别艰难，每一次排练都觉得喘不过气来，
我其实整个人都处在一种压力特别大的状况中，
我要在一个月里跑 9 场巡演，9 场里每一个区域的曲目都是不一样的，
每次都要练不同的曲目，这对当时的我来说是一种极限了。

即便是一个人发呆时，无论是面对外界充满批判的质疑声，还是面对让自己喘不过气的行程安排，
也不愿意去哭，我所有的情绪都不会在第一时间释放出来。

Ch. 12
Flat

-1
压力清零

-1
压力清零

它们会跟我的声音一样，有情绪的时候会先被自己压在音乐里，然后慢慢累积，
到达承受力的临界线时，找到一个点统统发泄出来，用音乐帮我释放那些坏情绪。

2016 年巡演最后一场是在日本东京的纪尾井音乐厅。
9 场巡回音乐会，有不同的 3 个版本的曲目，台湾一种，大陆一种，
而日本这场，是最古典的一场。
也许是因为场地，也许是因为异国，
又也许是因为一天一场的音乐会、飞来飞去的压力，
东京这场音乐会，让我有一种莫名的紧张感。

演出的前一天晚上我们 12 点左右才飞到东京，马不停蹄地排练到半夜 3 点，
公司突然跟我说，他们希望加一首我根本没有准备的曲子，是一首流行音乐。
大家会认为，古典那么难，流行相对来说更容易，
但殊不知，当时的情况下，我已经在担心没有时间排练完明天演出的曲目了，
还要追加新的内容，我从心里害怕自己准备不好。
然后我就问他们，能不能在拉的时候看谱，
结果旁边就有人开玩笑说了一句：“怎么那么逊啊！连这都背不下来！”
这是很小的一件事情，平时大家也会这样开开玩笑，
只是在当时那种情况下，再加上我那段时间情绪的累积，就觉得特别委屈，
自尊心挂不住了，秒哭。

Ch. 12
Flat

-1
压力清零

-1
压力清零

当时所有人都傻了，因为我平时是一个很能开玩笑的人，但就是在那个点上，
感觉自己情绪一下子就崩溃了，开始号啕大哭，也许是把这段时间累积的压力统统爆发释放出来了。
但排练还是要继续，只能一边哭一边把整场音乐会的排练走一遍。
那时候有三四十分钟的时间，我边哭边拉琴，眼泪啪嗒啪嗒地滴在我的琴上，从指板流到 f 孔。
旁边的人都知道，对我来说，在他们面前哭是一件很丢脸的事情，
所以大家都假装没事一样继续排练。

从《是！尚先生》播出开始，我被所有人骂都没有流过一滴眼泪，
但是不代表这件事情对我没有影响，我几个月的压力都累积在那一天爆发，释放出来之后告诉自己，
OK! 压力清零！
现在可以重新开始累积下半年的压力了。

-2

Ch. 12
Flat

-2

Ch. 12
Flat

-2
世界变大了

-2
世界变大了

从小到大，我对自己的要求都有点高，很害怕做不到自己的预期，
也一直努力要超过自己的预期。
小时候过得比较顺遂，因为那个时候在做一件事情时，
比如说要拉一首曲子，最后能不能拉好，只取决于我在练琴的时候有没有练好。
完成这件事，只需要我一个人的努力。
但现在就比较难了，做好一件事情需要好多人来配合，还会遇到各种各样的问题，
比如这个工作是接还是不接，接了之后后果又会是怎样；
这个剧本是不是要演，签约之后又会碰上什么样的问题等。
这些东西都不是自己一个人可以控制的，所以现在就常常觉得自己没有达到自己的预期。

我想，从一个人就能决定一件事情，到现在一件事情必须要有天时、地利和人和了，
其实是事情变大了，我的世界也变大了，我一个人掌控不了这件事情，
是因为我的能力还没有达到，我不能用自己的力量让一件事情往前推进，
也不能吸引别人把这件事情促成，是因为我的气场还没有足够大到能影响别人。
这也是人生成长的一条路径，以前做什么事情都是为了自己好，为了自己家人好，
现在做每件事情都会有人看着，就会有越来越大的责任感，
所以做的很多决定，一半是为我自己，另一半是为喜欢我的人。

Ch. 12
Flat
-3

Ch. 12
Flat

-3 成长的标志

-3
成长的标志

刘昊然也曾经跟我说过，以前他就喜欢约朋友出去，
现在却觉得拍完戏在家里喝点东西，
然后想想事情，或者看看剧本，或者去睡觉，这是他现在最享受的事情。
我比他小几岁，现在也能理解他的意思了。
我发现自己开始喜欢独处，喜欢一个人宅在家里，整整这个，弄弄那个，
然后练练琴，一天就这样过去了。

小时候我主动练琴，是因为我知道这是我的功课，所以一定要去练；
现在却是自己想要练琴，所以才去主动拉琴，这是不一样的。
我开始发现，我喜欢一个人做很多事情。
我希望能有一个自己独处的时间，在这段时间里把自己的事情总结一下，
把下一阶段的事情规划一下，在一个合适的时间段和自己对话。

这一转变也让我自己意识到，我可能真的要开始长大了吧。
而知道自己长大的一个最明显的特征，就是我再也不是那个能秒睡的人了。
以前我能碰到枕头马上就睡，但现在碰到枕头就感觉有一万个问题要问自己。
每天晚上都会有一个跟自己对话的时间，就像例行公事一样，我问我自己：
你有没有让喜欢你的人感到快乐？
你有没有让你在乎的人感到快乐？
做了这么多工作，你自己有没有感到快乐？
可能这些问题不一定都会有答案，但我很喜欢每天晚上和自己对答的这个时间，
至少它能让我知道自己过得怎么样，让我重新审视自己要的到底是什么。
越往前走，觉得这条路越长，没有一个结点。

有时候我觉得特别了解自己，
有时候又真的不明白自己在想什么，
很多事情大家会觉得我是在跟外人做对抗，但其实我一直是在跟自己做对抗。
成长，就是你发现了这条道路是自己内心一个纠结的过程。

-I
入戏
Forget that I'm
Ouyang NaNa

-2
那个不被爱的瞬间
The moment of
not being loved

-3
写给妈妈的一封信
Dear Mom,
I love you forever

[V]

Ch. 13

Breathe Mark

呼吸

戏剧

Ch. 13
Breathe Mark

-I
入戏

-I
入戏

拍过的电影里最美好的当然是《北京爱情故事》，但是我最喜欢的是《秘果》，
《秘果》给我的感觉就是：接对剧本了！

这是一部我自己演得舒服，周围的人也觉得很舒服的电影。
故事围绕着我和男主角展开，每一件发生的事情我都很清楚，
在大理拍摄的时候，冬天穿着夏天的制服淋着雨很开心，
很久没有找到这么多年龄相近的朋友了，也很开心。

大家都说演员要进入角色，但是怎么才算是进入角色了呢？
或者想进入但一直进入不了角色怎么办呢？
拍《秘果》的时候，我才觉得我入戏了，因为我跟于池子是相同的年纪，
有很多相似的地方，我能了解这个角色的内心。
有很多时候，甚至都不用去演，在有哭戏的时候，也不用靠想自己的事情哭出来，
而是在戏里的剧情中，就觉得特别委屈，自然而然就哭出来了。
这种感觉真的好爽，我能了解于池子这个角色在想什么，知道她有多难过，
尽管这只是一部有点小清新的电影，但对我来说却是一大步的成长。

那应该是我讲普通话最好的一段时期了，
我想让大家在看到电影的时候，不会觉得我是一个台湾女生，
所以尽量让自己的普通话讲得标准一些，
想要大家忘记我是欧阳娜娜。

Ch. 13
Breathe Mark

-1

-1

Ch. 13
Breathe Mark

Ch. 13
Breathe Mark

-1

-1

Ch. 13
Breathe Mark

Ch. 13
Breathe Mark

Ch. 13
Breathe Mark

-2

Ch. 13
Breathe Mark

-2
那个不被爱的瞬间

-2
那个不被爱的瞬间

在我拿到《秘果》大纲的时候，我就爱上了这部戏。
而我最喜欢这部戏的原因，是因为我是从头参与到尾的，同时我也是看过最多版本剧本的演员。
我第一个进组，小说也是很早就看过了，临开拍之前我又看了一遍，
所以在开剧本会的时候，我这么胆小的一个人，又是新人演员，
也鼓起勇气去争取自己想要的那一段。
会上有各个不同的人：有作者，有导演组，有投资方，每个人都会有自己想要的东西。
演员也会有自己想要的东西，当时只有我一个演员，我特别害怕，
但是又很想争取到自己想要的戏，那场跳水的戏就是自己极力争取把它加回来的。
其实当时我也不知道导演会不会答应，我只能尽我最大的努力，
甚至去跟雪漫姐说我很喜欢那场戏，能不能把那场戏加回来。

剧里最开始有一场非常激进的戏，
是于池子看到段柏文和斯嘉丽在酒吧之后，于池子又气又怒又嫉妒。
她头脑发昏，慢慢地走到了一条河里，她当时心里充满了绝望和报复，
她想："如果我死了，不知道有没有人在乎？"
后来小耳朵发现了于池子，把她救了上来。
这段戏开始是有的，后来又被去掉了，因为于池子是一个很快乐的女孩，
而这段表现了她太过负面而无助的一面。
但我一直觉得很可惜，其实我特别喜欢这段负面而黑暗的部分，我能够感受到于池子的那种绝望，
这个不被爱的瞬间，我们每个人可能都曾经有过。

Ch. 13
Breathe Mark
-2

Ch. 13
Breathe Mark

-3
写给妈妈的一封信

-3
写给妈妈的一封信

在拍摄《秘果》期间，为了能更贴近人物角色跟长辈之间的感情，
导演给剧里的每个演员留了一项作业：给自己的妈妈写一封信，写什么都可以。
我在大理给妈妈写下了这封信：

Ch. 13
Breathe Mark

-3
写给妈妈的一封信

-3
写给妈妈的一封信

不知道该怎么开头，第一次认真地写一封信，给自己最熟的人，说真的，还有点别扭。

每年母亲节和你的生日，都是我最烦恼的时候，因为不知道送你什么，你说你什么都不需要，什么都有了，我想想也是，我觉得你最需要的就是好好休息，好好睡觉，因为你醒着在忙我们全家的事，睡觉时也睡不踏实，也在想等会儿醒了要处理什么事情。“辛苦你了”，这句话是最俗也最简单的一句话，但我却没好好跟你说过。真的是到长大才知道，只有家人会无怨无悔不求任何回报地对自己好，但正值青春期的我，对任何人都好，也从不任性耍小脾气，却只会对你凶，这个我不得不承认一下，有时候我也想为什么人总对最爱自己、最亲近的人凶呢？（以上潜台词为……对不起。）

其实我遇到不开心、不顺利的时候第一个想到的就是你，但我却从来都不对你说，可能我也是随了你的个性吧，从来不轻易掉泪，不与任何人分享自己的烦恼，什么事都藏在心里，跟小时候的我相反。

记得小时候常常给你写信，写爱心字条，告诉你我的开心、不开心、烦恼、失落。但随着时间的流逝，越来越忙，这种用纸和笔交换心情的机会越来越少，甚至越来越没时间能好好聊聊天，说“我爱你”的次数也越来越少了，所以写这封信也是借着这个机会好好对你说说我平常说不出的话。

你说过，你舍不得我 17 岁，因为马上家里就只剩妹妹一个人是未成年了。其实我也不想面对，我希望自己能永远躺在你怀里，永远有依靠，不用自己承担任何事，不用懂得太多，不用以成年人的思维去处理事情，我想永远做你的 little girl，但我知道该

Ch. 13
Breathe Mark
-3

Ch. 13
Breathe Mark

-3
写给妈妈的一封信

-3
写给妈妈的一封信

是换我来给你分担压力、照顾你的时候了。

谢谢你17年的陪伴，这17年来总是你陪我，希望我能快一点长大，能够做到我陪你。

真感谢当我还在天上做小天使的时候，选了你做我的妈妈，我真是个幸运的小女孩。最后我想说：妈，你可以偶尔不那么坚强，你可以不只有妈妈一个角色，你也可以只是你。希望有时候可以多想想自己，而不只是照顾我们，你的肩膀借了我17年，接下来好多好多年，我的肩膀给你靠。

“你放心”，虽然是句没用的话，因为妈妈会为自己的女儿担心一辈子的，就像婆婆担心你那样，但我真的想让你放心点，就算我遇到多少烦心事，遇到多大的困难，我都会想着有你在给我支持，多大的事我都能走过去。我和于池子一样，像一条鱼，向往大海。不管未来有多么波涛汹涌，你在哪里，平静和安心就在哪里。

放心吧……放心吧！我会努力游向更深、更远的大海里去。

愿我能做一个像你一样的好人（这才是我的终极人生目标，大提琴家、演员是其次）。

p.s. 不知道下一次给你写信是什么时候了，哈哈哈，要我这么矫情也是不容易……

I love you

Ch. 13
Breathe Mark
-3

Ch. 13
Breathe Mark

-3

-3

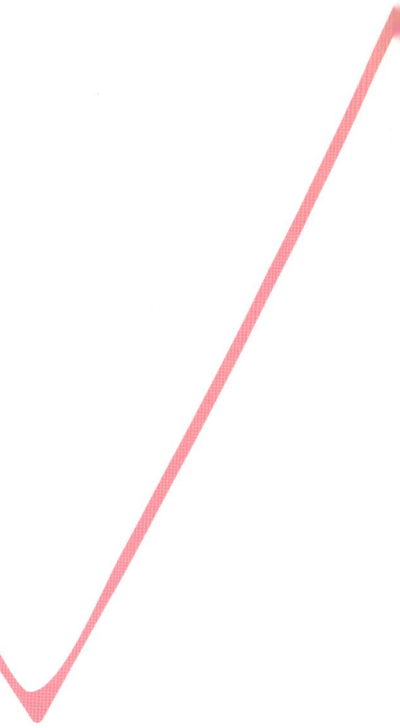

[bb]

Ch. 14 Double Flat

重降

演员的诞生

-1
一切都是最好的安排
Everything was
the best arrangement

-2
刘天池老师
Face my own heart

-3
连累社长
I could completely
trust you

-4
我没有想过赢他，
我怎么可能会赢
Never thought I could win him

-5
演员的方向
The tide gradually
subsided

-6
最想感谢我自己
Thank you so much,
NANA

Ch. 14
Double Flat

-I
一切都是最好的安排

-I
一切都是最好的安排

一开始接到《演员的诞生》的邀约时，我第一反应就是“不要吧，感觉好难啊……”
但导演组真的希望我能去，后来就想：“那就去一期吧，反正多半也是被淘汰。”
当时没想到播出来之后会在网上引发这么大的反响，我也后悔过，早知道就不答应去了。
但现在已经释然了，如果没有这些事情，我可能找不到我人生中至少现在我认为对的方向。

我在决定任何一件事情的时候，都会听到很多不同方面的声音，
不论是来自我的朋友、家人或者是粉丝。
有时候也会动摇，但更多情况下，我做这些决定时都非常感性，
所以会有很多在外界和专业的眼光看来很错误的事情或者是很不理智的决定，也走了很多弯路，
有时候我也会想，这个世界上，没有一个人想要做成一件事时，只有顺利而没有付出。

以前有人跟我说，“我喜欢音乐，但我不把它当成我的工作，因为我舍不得”，
这也是这几年我领悟到的最重要的一件事情。
很多人在我的微博里评论，问我为什么要放弃拉琴，
我想不通大家为什么会认为我在 15 岁的时候就把音乐给放下了，
我其实从来也没有放弃过这件事情。
小时候我会想要当一个很专业的演奏家，拉琴拉得很棒，
现在我虽然不这么想了，但不代表我把音乐给放弃了。
我去做演员，是因为我喜欢尝试新的东西，我有机会做选择，那我就想试一试演员这条路。
这两件事情其实是相互的，
因为什么，结果是什么，都不冲突，如果我没有走这么一圈，
我可能永远都不知道音乐对我来说意味着什么，
而所有发生的这一切，都是最好的安排。

Ch. 14
Double Flat

Ch. 14
Double Flat

-2
刘天池老师

-2
刘天池老师

刘天池老师是一个很奇妙的人，
她会去挖掘我内心的东西，她能找到跟生活中那个快乐的我不一样的、另一个负能量的我。
在《演员的诞生》后面侥幸晋级的那几期，她都会针对我要演的角色，特别把我叫去做一些练习。
我一直有点抗拒在摄像机或者很多人面前表现出负面情绪，
当时刘天池老师跟我说："娜娜你是一个表面随和的人，你有很厚的壳，你很难去亲近不熟悉的人。
你看起来快乐，但实际上你的压力都被你自己给憋起来了。
我想给你一个渠道，你不要认为表演是一种压力，是去迫使你改变自己的事。
其实你换个方向来看，表演是一个情绪的通道，也是给你的另外一个伪装。
当你哭的时候，观众不知道是你自己在哭，还是这个角色在哭，
我希望我们的训练，能帮你把生活中的情绪释放出来。"

以前从来都没有人这么深入地去给我讲这些东西，
对于"演员"到底是一个怎样的职业，"演员"是怎么成为"演员"的，
"表演"这件事情到底怎么做才是对的，我一直以来都感觉很混沌，但我知道这件事其实很难。
《演员的诞生》这个节目也让我学到了很多东西，
我发现我不是面对不了看着我的其他人，而是突破不了自己，
我不是不想让别人看到我哭，而是不想让我自己看到我哭，我其实一直在跟自己较劲。

-3

Ch. 14
Double Flat

-3

Ch. 14
Double Flat

-3
连累社长

-3
连累社长

《演员的诞生》播出后我就上了微博热搜，当时刘烨老师为我发了一条微博，说
“欧阳娜娜好棒，娜娜，你除了大提琴牛掰外演技也好 biangbiang 滴”，
然后评论里有两万多个人喷他，连累他也被骂。
其实在整场《演员的诞生》的录制过程中，刘烨老师帮助了我很多，
私下排练时，他真的是个很细心的人，能一眼就察觉到我情绪上的不对劲，
通过各种方式转移我的注意力，帮我纾解压力，像是在第一次 PK 晋级时，
其实我自己心里都在发虚，因为跟预想的完全不一样。
而刘烨老师虽然没有明确地说这件事，但他会在跟诺一打电话时，
让诺一跟我打招呼，令我开心起来，因为我之前说过很喜欢诺一；
也会在排练时一点点地引导我在情绪上的表达，一点点帮我贴近甚至是融进角色的生活里，
他不断地告诉我，其实我可以做到。
他就像父亲一样，是我心里的定海神针，
无论是在台上和我一起表演还是在台下做评委，只要有他在现场，我就会觉得特别安心。

-4

Ch. 14
Double Flat

-4

Ch. 14
Double Flat

-4
我没有想过赢他，
我怎么可能会赢

-4
我没有想过赢他，
我怎么可能会赢

见到一围哥本人的时候，我就明白，他跟所有人都不一样，
他的“帅”能让人感受到在他的周围有一个气场。
一围哥说，他父亲也是拉大提琴的，所以我们会有一些共同语言。
我跟他请教表演的问题，他会用音乐的方式告诉我，
比如接台词时要在同一个频率上，一个小提琴拉出来的一组对话，要用小提琴的音回过去，
而不能用定音鼓，他这样讲，我一听就明白了。

后来节目录制到最后需要选手之间进行一对一的 PK 赛时，我选了一围哥做对手，
就是觉得自己终于可以如愿以偿地走了，可以在结束之前画下一个完满的句号。
我没有想过要赢他，我怎么可能会赢？

PK 赛刚开始排练时，整个剧本的调度和情绪上的转折对我来说很困难，脑袋根本都不够记。
等第二天再次排练时，当时房间里只有我和一围哥两个人，
他问我，可以放音乐吗？我说当然可以。
不大的房间里，我们背坐着，他开始播放他的歌单。
我一下就发现我们是同一个“频率”的人，因为他的那些歌也是我独处时经常听的。
那个房间特别安静，感觉连呼吸都能听到，而那种安静，就像内心深处的自己，孤独又开心。
后来在临演前，我们又对了一遍戏，一围哥一直给我一种错觉，
就是他在念台词时会让我以为他是真的在跟我讲这件事。
原来演戏就是这样一种感觉。

-5

Ch. 14
Double Flat

-5

Ch. 14
Double Flat

-5
演员的方向

-5
演员的方向

《演员的诞生》播出之后，我的大 boss 赵丽颖给我发了一条消息，她说：
“刘天池老师指导得真好，你最后那句我都看哭了。
怕什么，就当这是成长，你看你最后说的那一句‘妈，我真的累了’特别棒，
至少我知道我真累了是什么，对不？记住这一刻的感受，无所谓委屈难受还是受挫，
还是什么的，我看到你的真情，这就是特别大的进步和成长。
我觉得无所谓你怎么演，只要真诚，就能打动我，现在这种环境，真诚最难得，所以不怕，
就当是上了一堂时间短但效率又特别高的表演课，以后你就无所畏惧啦，棒棒哒。”

大 boss 对我的影响非常大，很多次觉得自己要撑不住时就会想到她，
她走了 10 年才达到现在的样子，中间更是不知道经历了多少声音。
我觉得我还有很多的事情需要去经历，还有很多路要去走，在演员这条路上，
只有作品能代表我，也只有作品能说服别人。

以前在收到负面评论的时候会有那种潮水涌过来的冲击感，现在越来越少。
我身边的人遇到事情可能会越来越激动，我反而是那个经历越多，感觉越淡的人。
不论别人怎么说，说什么，我还是会去做我自己要做的事情，
只是在这个过程中我会去思考这件事情的方向，
怎样做才是最好的，哪个方向才是不只我觉得好，别人也会觉得好。

-6

-6

Ch. 14
Double Flat

-6
最想感谢我自己

-6
最想感谢我自己

我从来都是做自己喜欢做的事情，突然去做一件我不喜欢的事，真的是太痛苦了。
偶尔和我的朋友聊天，就会发现她们的烦恼和我的烦恼天差地别，
她们的烦恼通常都是“我要考试了，来不及复习，考不好怎么办”；
而我的烦恼可能是“我现在被大家骂，但我要怎么用平常心把我的下一个角色演好”。
但经历过这些事情，我才真真切切地了解到，原来这个世界上还是有很多失望和失落的。
我比同龄的同学要更早接触到这个社会，也是因为我本身不够成熟，
所以感受到的失望要比成年人来得更大，也会更害怕。
现在已经对这个社会很失望了，
那以后怎么办？会不会还有更让人难以接受的事情发生？
而我现在很难再回到那种十二三岁的状态，因为每天都有无数件事情要去学，
我不能永远依靠别人，不能永远都是一件事情需要别人告诉我应该怎么做。
我要有自己的判断，但是在做出这个“判断”时，需要去学很多东西。

我慢慢知道，当演员不是一件简单的事情，
这是一件要靠机会并不断考验自己内心才能够做好的事，
它跟音乐一样，是有技巧成分在的。
每次来录制《演员的诞生》时都觉得应该要被淘汰了吧，应该是最后一次了吧，
但直到最后一期录制时，我才发现其实自己并没有后悔来。

我没办法去跟每个人说我在这个节目中学到了什么，收获了什么，
但我知道有些东西是留在我的身体里的，同时也交到了很多新朋友。

-6

-6

Ch. 14
Double Flat

-6
最想感谢我自己

最后一期我和刘芸都被淘汰了，但我们两个都特别开心，她对我说：
“只有我们自己明白我们收获了什么，对大众来说这只是一个节目，但对我们来说，这是一次成长。”
《演员的诞生》最后一期，被淘汰的选手有一个发表感言的时间。
我感谢了所有帮助过我的人，但我最想感谢的，还是我自己。

我现在觉得当学生是全世界最幸福的事情，每天最大的事就是练琴和上课，
但我从不后悔当初离开学校的决定。
如果我没有勇气，当初根本就不会离开学校，也不会去面对现在这一切挑战。
我练琴练了 10 年，现在才能有自己的专辑，能拉自己想拉的曲子，
那演戏也是一样的道理，给我一点时间，我会一直往这个方向努力。

-1
音乐会和古典音乐
A new attempt
at classical music

-2
谢谢听见，更谢谢遇见
Love you all and thanks
for your love

Ch. 15
Echo
回音

百场巡演

Ch. 15
Echo

-I
音乐会
和古典音乐

-I
音乐会
和古典音乐

我在台湾办过很多次音乐会，10 岁起每年都有固定的演出，
最开始的时候都是全程古典音乐，而且我也绝不接受在古典音乐会上去拉流行音乐。
但慢慢地我就发现了一件事，在整场音乐会中，我是最辛苦的那一个，拉最难的曲子，
同时也是最享受的那一个，可是我的观众却没有和我产生共鸣。

别人当然不会过来跟我讲“我不喜欢你拉的曲子”，但是我自己的家人就不会有什么顾忌，
像我的舅舅就过来直接跟我说，“娜娜，你的上半场我睡得很开心”。
我妈妈也和我讨论过这件事，在我选曲的时候她就会跟我商量，
说“这支曲子我至少要听 30 遍才能听得懂”。
我也意识到，并不是所有观众都是大师，古典音乐对普通观众来说太遥远了，
如果全程人家都听不懂，那他下次就不会再来了。
我也慢慢明白，拉观众听得懂的东西，观众才会感受得到，会感动，会产生共鸣，
如果没有共鸣，那我拉再难的曲子，也是没有用的。

Ch. 15
Echo

-I
音乐会
和古典音乐

-I
音乐会
和古典音乐

后来音乐会办得多了，我和妈妈也达成了共识，
如果是在 500 人以下的小厅演出，就会全场拉古典音乐，因为古典音乐很小众，
500 人是一个可以接受的范围。如果超过了 500 人，就绝不会全程拉古典音乐。
这个时候在选曲的问题上我们就会做很多沟通，我要去接受一些新的曲目，
可能是探戈，可能是电影，可能是流行音乐，都不一定的，我们也会在网络上去搜索好听的曲子。
但是大提琴的曲目有限，毕竟喜欢大提琴的人太少了，喜欢小提琴和钢琴的人却很多，
那我们就势必会去做一些改编，就算整场都是古典音乐会，我也可以演奏让人耳目一新的曲子，
我可以把钢琴改编成大提琴，让观众听到他们熟悉的音乐以另一种方式呈现。

最开始的那几年，是很辛苦的尝试，
我不想每一场都拉重复的，所以为了演出，要准备很多的曲目。
而每年的巡回演出，寒假还有公益演出，我要准备的曲目量就变得更庞大。
但在庞大的同时，我拉的曲子也变得更多元。
来我音乐会的观众，很多都是爸爸妈妈带着小朋友来的，
我希望给每个人都准备好属于他们的音乐。

Ch. 15
Echo

-I
音乐会
和古典音乐

-I
音乐会
和古典音乐

其实每个人都有他那个年代的音乐，
所以我们会尽量去想：爸爸是什么样的年代，妈妈是什么样的年代，小孩是什么样的年代。
用这样的方法去做曲目上的安排，我希望至少有一首曲子，
会让他在心里产生共鸣，让他心里的音乐去感动他。
所以我的大部分音乐会，上半场都是纯古典，我会拉我爱拉的东西，
或者是我想要和大家分享的我新学习的东西，到了下半场就是完全不一样的风格 。
做了很多有意思的改编和表演，玩了很多不同的东西，在这个过程中也不断在学习和认识新的东西。
我曾经有一首曲子，是用《赛马》加《大黄蜂》把古典和现代、东方和西方做融合，做成有趣的音乐。
古典音乐一直在走一条探索的路，
如果不是专门去学古典音乐，普通人听古典音乐的时间太少了，
我希望能有更多的年轻人，可以因为喜欢我，喜欢我的音乐，
而走进音乐厅，去关注古典音乐。

Ch. 15
Echo

-I

Ch. 15
Echo

-2

-2

Ch. 15
Echo

-2
谢谢听见，更谢谢遇见

-2
谢谢听见，
更谢谢遇见

我们在听故事的时候，会有画面，有想象，我在拉琴的时候也一样。
小时候还会和老师讨论这一段是什么颜色，那一段是什么剧情。
而随着越来越深入到音乐里去，我也越来越清楚地认识到，
拉多难的曲子，多高深的指法都不重要，
音乐的最根本，是被听见，被接收。
我们要做的，是把自己在音乐中看到的颜色、感受到的画面传递给听到我们音乐的人。
音乐的根本使命，是传递感动。

2017 年 9 月，我在重庆结束了自己的第 100 场演奏会。
这每一步路是如何走过来的，以及当初为什么坚定不移地选择出发，我都记在心里。
100 场、200 场、300 场，我不知道自己会继续多久，
就算最后只有一个听众，我也会拉下去。
而那最后一个听众，永远会是我自己，因为我希望拉琴是一辈子的事情。

Ch. 16
Legato
连音

Wishlist

-1
时尚是一个不一样的东西
Every girl should have a dream

-2
女神姑姑
My aunt is my goddess

-3
第一次买名牌
My wishes would come true

-4
设计更能打动人心
Design is more exciting

-5
最想做的工作
You deserved to have something you like

Ch. 16
Legato

-1

Ch. 16
Legato

-1

Ch. 16
Legato

-I
时尚是一个
不一样的东西

-I
时尚是一个
不一样的东西

在台湾上学的时候，
因为每天都是穿制服去上课，所以那时候并不太在意每天穿什么、搭配什么。
后来到美国读书，突然打开了新天地。
一方面是学校并没有固定服装这样的规定，每天睁开眼就需要考虑要穿什么。
另一方面，美国是一个很融合的国家，我的同学和朋友，街头遇到的各种不同的行人，
上下课途中的各类店铺，都让我觉得耳目一新。
我是从十三四岁的时候，心里隐约开始有了臭美的念头。

当时我从台湾带了一本书到美国，书里专门介绍了很多品牌的设计师，
它用图片和图形的形式讲述每个品牌的精神、特性，
讲述设计师的想法，以及他们各自擅长的风格和款型。
这本书是我的时尚启蒙读物。
我从这本书里开始了解到一些与流行和时尚有关的东西。

Ch. 16
Legato

-1

Ch. 16
Legato

-1

Ch. 16
Legato

-I
时尚是一个不一样的东西

-I
时尚是一个
不一样的东西

我大概是在去美国上学之后才开始好好用微博的，
喜欢我时间最长的粉丝，听她们说好多都是从我在费城的时候就开始关注我的。
而那几年也是微博上的一些时尚博主的启蒙时期，我也关注了其中的一些人，
因为想要去了解他们讲的东西，认识他们关注的品牌，或者单纯地想要从他们身上学到一些什么。
后来很有意思的是，我当时关注的很多人，现在都是微博上很有名的时尚博主了，
比如时尚达人包先生，我关注他的时候，其实他还只是哥伦比亚大学的学生，
当时我住在费城，而他住在纽约，在网上认识后，没想到竟然住得还挺近，后来就变成了好朋友。

有时候我想，去美国这件事真是很有意思。
我最开始以为我会在费城扎根我的音乐事业，
实际上虽然我在美国待的时间比我预计的要少，
但这段走出去的路程，真正打开的是我的世界和我的眼界。
我从这个时候开始把我的眼睛从大提琴上拉起来，看到很多不一样的景色。

时尚是一件很有意思的东西，
很多时候拥有它感觉是一件和钱有关的昂贵的事，
但我想，时尚一定是一个不一样的东西，它除了昂贵之外，
还代表着每一个女孩子想要让自己更好、更美、更值得被爱的心。

Ch. 16
Legato

-2

Ch. 16
Legato

-2
女神姑姑

-2
女神姑姑

我的时尚记忆，很多都和姑姑相关。
她在我心里是闪烁而精致的女神，是用自己的力量让自己活得最美的女人。
她有很多很美的衣服和包包，但她永远比这些衣服和包包更美。
小时候的很多记忆都很模糊了，可是总有些场景是能记一辈子的。
尽管有的时候这个场景的前因后果都想不起来，但是就是会有这样一个片段的印象异常深刻，
你记得这个场景里的人和他们周围的事物，以及当时空气中的气味和温度。

我还记得三岁左右的时候，有次姑姑和姑父带我去逛街，
姑姑在 Yves Saint Laurent 店里挑鞋子，姑父在外面等，我记得他很绅士，也不着急，
充满了对“女士们的时间”的欣赏。
我当时小小的一个人，陪姑姑坐在店里，眼睛一眨都不眨地看着姑姑，
看着她很优雅地一双一双试鞋，脑海中只有一个念头，就是姑姑好美。
我大概就是从那天之后，开始对 Yves Saint Laurent 有一种莫名的喜欢，
在我长大的每一年，都会想象自己什么时候也能拥有一双 Yves Saint Laurent 的鞋子。
然后过了好多年，在我觉得自己可以拥有它的时候，我专门到当时姑姑带我去的那家店，
买了一双经典的黑色高跟鞋。

对我来说，姑姑永远是我时尚的引领人，她永远走在时尚的前端，永远不会老，
她用的东西也永远都是最经典的。
到后来我才发现，自己对很多品牌和设计的选择，其实都受到了姑姑潜移默化的影响。
我不会追求“爆款”和“流行”，如果我需要买一个名牌时，
我会首先考虑它是否实用，其次是它能否被典藏，是不是让我能用 20 年都不过时。
我不会只去追求现在的“流行”，对我来说，经典的才是永恒的。

-3
第一次买名牌

-3
第一次买名牌

我第一次一个人走进名牌店，一个人付钱买东西的时候，整个人都紧张到发抖。
也是十二三岁在费城的时候，每天我从家里到学校的路上，
会经过各种各样的精品店，我偶尔也会进去逛一逛。
我当时最喜欢的牌子是 Jack Wills。
头一年姐姐生日的时候，我的钱不够，就在给姐姐的礼物上，
自己画了一张 Jack Wills 的 logo（标识）贴在盒子上，假装是 Jack Wills 送给姐姐。
到第二年，看了看积蓄，哎，我有钱了！我要给姐姐好好买一件生日礼物。

-3
第一次买名牌

Ch. 16
Legato

-3
第一次买名牌

那时候我一脚踏进 LV 的店门，手里攥着演奏会的全部酬劳，
还没在店里逛半圈整个人就紧张到不行，
不知道该怎么跟店员交流，也不知道到底要买些什么。
满脑子就是在想：天哪！怎么这么贵！然后整个人晕头转向加一咬牙花光了所有的积蓄，
给姐姐买了一条手链，然后晕头转向里夹杂着莫名的兴奋，但又假装镇定地走出店门。

我可能会永远记得第一次的这个紧张死了的欧阳娜娜。
她当时真的觉得很有成就感，也很兴奋。
她拿着那条手链，觉得它那么精致，又那么美。

给姐姐买完礼物之后，我也给自己列了属于我的 wishlist（愿望清单），
把自己很喜欢的那些看起来遥不可及的包包、衣服、鞋子、项链等列了出来，
我跟自己说，啊，这些美好的东西，你们等着我，我会好好赚钱，我会努力工作，好好存钱，这样每一年，我希望自己能够拥有你们其中的一个。
我会经常把我的 wishlist（愿望清单）找出来看看，添加我新的宠爱目标。
然后再看看我今年的努力目标。

Ch. 16
Legato

-4

-4

Ch. 16
Legato

-4
设计更能打动人心

-4
设计更能打动人心

对我来说，成为一个艺人的福利之一，是可以穿很多以前只能在杂志和秀场上看看的衣服。
到现在也是，每次去拍杂志时我都会很兴奋，
一进摄影棚的第一件事，就是走到那排衣架前，一件一件地摸一摸，
感受布料和皮肤接触的触感，感受每一件衣服的细节。
平时只能在秀场看见的衣服穿到自己身上，是一件非常非常幸福的事情了！
因为除却品牌本身之外，更能打动人的其实还是设计。

由于工作的原因，我的 wishlist（愿望清单）比我自己预计要实现的时间提前了很多。
但在大多数情况下，即使非常喜欢，如果不是用得上的，我也不会放任自己乱买东西。
更多时候在看到喜欢的设计时，
我会在心里暗暗地幻想：天啊，这双鞋是我结婚的时候要穿的！
这件礼服是我结婚的时候要穿的！

但当我决定要买了，那这个东西就一定要是很适合的，
并且在买的时候，我就能跟自己确认这件物品会跟着我很多年。
我拥有的第一个名牌包是 Lavin 的效兰阿姨特意挑选并送我的一个长方形的黑色小羊皮袋子，
它很大，大到每一本谱都放得进去。
我非常喜欢那个包，一直把它当成我的书包、我的谱袋，在费城背了好几年也没有换过。

Ch. 16
Legato

Ch. 16
Legato

-5
最想做的工作

-5
最想做的工作

对于“时尚和设计”这件事，我觉得自己是抱着一种热爱的感情在里面的，
因为这个“热爱”，我会去了解一个品牌的历史，
去搜索一个设计师的历年作品，去找一些关于各类单品的专业知识，
也去看很多很多的其他人是怎么穿衣、走路、搭配、生活。
我觉得设计是一种生活方式，也是一种让人更努力去生活的吸引力。
而每次完成一个 wishlist（愿望清单）的时候的那种兴奋，与其说是得到一件奢侈品的兴奋，
不如说是一次自己对自己努力的犒赏。
我完成了这一年的任务，我靠自己挣到了购买我心头好的金钱。
我对自己说：亲爱的娜娜，这一年辛苦了，你值得拥有你喜爱的事物。

如果抛开我现在正在做的艺人这件事，我自己最想做的工作其实是“设计师的小助理”，
而且是专门跑腿打杂的那种，这样我既能近距离地和各大设计师亲密接触，
又能每天触摸到各种充满传奇的设计稿件、布料、铆钉和皮料。
如果想得更美一点，能亲自看到一件设计师产品从无到有诞生的过程，
那真是一件非常幸福的事了。

Ch. 16
Legato

-5

-5

Ch. 16
Legato

-5

Ch. 17 Natural 还原

未来

-1
回答未来
Where do you want
to go in the future

-2
进步和退步
Talk to myself
by music

-3
一个决定
School is
my gas station

-4
选择
I'll settle down and
wait for my script

-5
伯克利
Berklee College
of Music

-6
我的大学
My promise

-7
未来的计划
To be an ordinary
but hard-working girl

Ch. 17
Natural
-1

Ch. 17
Natural

-I
回答未来

-I
回答未来

你未来要怎么做？你要回去读书吗？
一大堆人问过我这样的问题，我觉得无法回答。
我已经做了很多自己小时候没有规划过的事情，未来肯定还会去做更多我没有规划过的事情。
我本身的个性就是这样，
长大后很容易放飞自我，去做一些我自己都想象不到的事情。
在这个过程中我可能会长大，会了解更多以前不了解的事情，
但是我一直都觉得，做人远比演技重要太多。

我最开心听到别人说“我觉得你没变”，那我至少保留了一些东西。
到目前为止，我觉得最幸运的一件事情就是，喜欢我的粉丝，是因为我这个人才喜欢我的。
很多人问过我，音乐和演戏我更喜欢哪一个，我以前会说两个都喜欢。
现在也一直有人问这个问题，但我却答不出来了。
我不知道我是不想让别人知道，还是我自己心里真的没有一个确定的答案，
我好像是喜欢音乐多一点，但我现在得到的更多成长，是演戏带给我的。
这两件事情在我心中的地位我也一直在纠结，我没办法违背自己的内心去回答这个问题。

-2
进步和退步

Ch. 17
Natural

-2
进步和退步

在音乐上的进步和退步是很难有一个标准的，有的时候觉得自己进步了，
但实际上可能是相反的。
以前去找老师上课时，我每天都会特别勤奋地练琴，
练到都要死了的那种地步，但上完课之后老师还是会跟我说：“娜娜你退步了哦。”

音乐是感性的，除了音不准或者是技巧上的一些错误，
很难定义“进步”和“退步”，有时候拍戏一忙起来练琴的时间就少了，
心里就会很没有安全感，但我确实是没有在学校的时候练得多了，
所以现在会更珍惜每一分每一秒练琴的时间。

-2
进步和退步

Ch. 17
Natural
-2
进步和退步

我最喜欢没有人管着我，自己随便想拉什么就拉什么的状态，
这跟我必须要完成、要去练的曲目不同，“随便拉一拉”才更有音乐氛围，
是一个单纯的自己和自己沟通的机会。

可能我这段时间收获了很多经历，去了很多不同的国家，但却真的没有时间好好练琴了。
而在没有练琴的时候心里会发慌，
但我知道，如果想要得到一些什么，就一定会失去另一些东西，
所以在准备出专辑的时候恨不得把自己这三年时间该练的琴都练了，
那个准备的过程会让我有一段时间是沉淀下来的。
这三年走下来，我最大的收获就是知道了自己以后要做一个怎样的人。

Ch. 17
Natural

-2

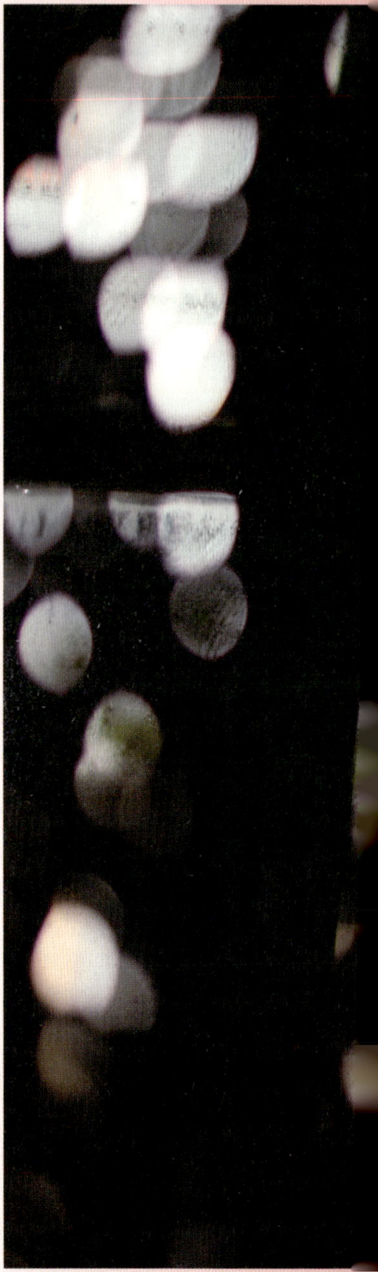

Ch. 17
Natural

-2

-2

-3

Ch. 17
Natural

-3

Ch. 17
Natural

-3
一个决定

-3
一个决定

一定要回去念大学，是当初离开学校时，自己给自己的承诺。

3 年来，我仿佛是个半工半读的学生，
以前放学回家就是分秒必争地练琴，现在是要找时间练琴；
以前练琴是功课，现在每次练琴时的舒畅感是减轻压力最好的办法。
除了拉琴，在浴室练吉他也成了我最大的享受，
偶尔第二天放假的晚上，我就会在浴室里一个人练吉他，
再出浴室时，天空已经微微发亮了。

我想，音乐是我要一直坚持下去的事情，
接触的越多，听的音乐越广，越觉得想要学的更多。
想拉，想弹，想唱，想用我觉得最美的语言和大家分享。

这几年，我的理想也慢慢有了一些改变，
学音乐已经变成了我的一项使命，我要用我的音乐带给别人一些东西，像我的偶像带给我的一样，
而不是仅仅让自己成为一个很厉害的大提琴家。

Ch. 17
Natural
-4

Ch. 17
Natural

-4
选择

-4
选择

“回去上学”是我离开柯蒂斯的时候对妈妈的一个承诺，
在这几年里我思考最多的一个问题其实不是要不要回去上学，
回到学校去是一定的，我想得更多的其实是要去学什么。
在选择学校的时候，我有考虑过 NYU，它是一所电影学校，也是李淳的学校。
在和李淳拍戏时，他跟我分析，
念戏剧梦寐以求的其实就是找一个像我现在这样可以拍戏的工作，
其实我已经在做了，而且在学校里学到的东西远比在工作中学到的少，
去专门念戏剧其实不是一个很明智的选择。
我自己也在戏剧和音乐之间做了很多考量，最后还是觉得想学习音乐。
而最终做下这个决定时，却是因为经历了两件事。

Ch. 17
Natural
-4

Ch. 17
Natural

-4
选择

-4
选择

2017 年的 4 月，我抱着朝圣的心情去看我的偶像 John Mayer 的演唱会。
我一个人订了第二排的票，离他很近很近，
听着他唱着歌，弹着吉他，我不知道为什么会不自主地流下了眼泪。

我想我应该是整个音乐会中年纪最小的粉丝了，在我的前后左右，
都差不多是二十几岁或者三十几岁的人，几乎每个人眼中都泛着泪光。
整场音乐会下来，我真的理解了原来偶像带给人的影响是这么大，
音乐可以带给人如此大的冲击。
那一刻我突然明白了，我想带给我的粉丝的东西，就是 John Mayer 在音乐上带给我的感受。
如果我也能像他一样有这样的能量去影响这么多人的话，
那一定是一件比自己一个人欣赏自己的音乐要更幸福的事情。

另一件事就是参加《演员的诞生》。
这个节目我在一开始特别后悔去，
如果我没有去参加，那我就可以很安稳地度过那一个月，
但是我去了，就要接受很多人的议论甚至是批评。
幸好去参加了，然后我才能认真地思考自己到底想不想做一个演员。
我在节目里认识了很多人，有很多有资历的前辈，他们来教导我，
让我觉得其实做演员是一条很长很长的路。
所以我才能下定决心让自己更慢下来，然后满起来。
我希望能一边学习一边等待好的作品、好的剧本，不会急着去接戏，一切顺其自然就好。

-5

Ch. 17
Natural

-5

Ch. 17
Natural

-5
伯克利

-5
伯克利

想好大学仍然要学音乐之后，我选择了伯克利。

其一，那是我的偶像 John Mayer 的母校。
John Mayer 应该是全世界最会弹吉他的流行歌手，
我无法形容他的歌、他的音乐对我的影响。
我所有对于吉他、电吉他音箱的认识了解，全来自对他的热爱。

其二，我在柯蒂斯的同学 Nina，有天突然告诉我，
她明年不念柯蒂斯了，她要转到伯克利学流行了。
这对我来说是一个很大的震撼，她 10 岁就考进了柯蒂斯，这个决定应该下得不容易。

其三，在王力宏的《亲爱的》mv 中，我饰演他的女儿，
他鼓励我去他的母校，他觉得这必然会让我的音乐有所不同。

-6

Ch. 17
Natural

-6

Ch. 17
Natural

-6
我的大学

决定了申请伯克利之后，我就在网络上填申请资料，然后准备 audition（面试）。
伯克利的面试是可以选地点的，
像是在台北、北京、上海、香港、首尔、东京等都有面试地点。
考试的前一天我还在香港工作，是坐当天最晚的航班飞到台北参加第二天一大早的面试。

面试对我来说不难，要考的内容也还算简单。
先是考视奏，就是给一个谱子，让我照谱子拉出来，
接下来是听奏，毕竟我从小就学古典音乐，耳朵听力很早就训练好了，
老师弹一个什么音，我就拉一个什么音给他，所以很顺利就考完了；
再来是现场演奏，老师没有限制我要拉什么给他听，
我跟他沟通能不能拉一首古典的和一首现代的，他说没问题，
在 5 分钟之内我自己去做调整就可以，我就拉了两首曲子；
下一个部分是即兴，老师用吉他，我用大提琴，
老师弹和弦，我即兴，我们就开始合奏，
这应该是我最喜欢也最想要学的部分。

最后是面试聊天，其实相对于其他考生我是有优势的，
因为我能直接给他看我的作品——我的两张专辑和历年音乐会的资料，
他们也问我演戏的工作会不会影响到我的音乐，
学校也有过学生念到一半就出去接洽工作的情况，
伯克利最特别的是，希望为每一个学生量身定做最适合他的课程。
我们聊了一些想法和计划，他们也更进一步了解了我的情况。

Ch. 17
Natural

-7
未来的计划

-7
未来的计划

有一天我在飞机上看了一部大家都说不好看的电影。
不知是否是自己在看电影之前先听了原声带，因为配乐被这部电影深深地感动了，
看完了之后我反而觉得，怎么会有这么好看的电影啊，
当下就觉得自己好想去学电影配乐。

一围哥告诉我，演戏的过程就好像一个交响乐团在演奏，每种乐器都有发声成为主角的时候。
我立刻就懂了，把演员比作演奏者，从不认识音符到慢慢认识，
最后有了一定的技能，达到我想要的在艺术上的成就。
可是当我的技术不够的时候，我脑海里的音乐性是表达不出来的，
只有足够的技术作为基础，才能达到我想要的效果。
我必须花时间去琢磨“演戏”这个东西到底是什么，
然后才能赋予这个作品骨架和肉体，最后才能有灵魂，就像我学一首新曲子一样。
学习带给我极大的快乐，我每天都有想学的东西，
可是学到的越多，越觉得时间不够用，永远都不够……

去年的音乐会，我告诉自己：明年，我要有一场不一样的。
今年，我第一次在台上弹吉他、自己唱歌……
明年，我还要分享我新学到的东西，不管是音乐还是戏剧。

-7

Ch. 17
Natural

-7

[Fine]

Ch. 18

曲终

后记

Fin

再见 17 岁

Bye, 17

Ch. 18
Fine

后记

后记

再见 17 岁

再见 17 岁

记得 17 岁生日那天许下的愿望，是希望自己这一年可以活得像个孩子。
因为 17 岁是成年前的最后一年了。

但在这个本来想做个小孩的一年，我却发现自己并不像个小女孩了，
不再是那个吃多少都不会胖的女孩，不再是那个沾到枕头就能呼呼大睡的女孩，
也不再是那个向妈妈撒娇时不会害羞，觉得理所当然的女孩了。

但我却是那个遇到问题会先冷静的人，也是面对困难愿意微笑的人。
因为对一些事情觉得无所谓，所以这一年也便无所畏了。

可能让去年那个默默许愿的自己失望了，没能活成小女孩的样子，
没能在成年之前再任性一年。
但不得不说，此刻的我很满足此刻的一切。

Ch. 18
Fine

后记

再见 17 岁

后记

再见 17 岁

我挺感谢今年经历的所有大大小小的事情，让我离自己的远大理想又近了一些。
这一年做了很多事情，让我有种被填满的充实感。
上映了两部电影；在一个月内完成了 15 场音乐会；
到美国 NASA 演出；完成了两档节目；拍了一部连续剧……

我感觉自己每一天都在长大，每一天都去往不同地方做不同的事情，
可唯一不变的是一天结束以后躺在床上想的同一个问题，自己快乐吗？

这个问题不会只有快乐和不快乐两个答案，
有时候快乐也不快乐，有时候不快乐也快乐，想来想去就延伸出了后续 100 个质疑自己的问题。

我想，这就是生活最大的动力吧，期待每天问自己一些不会有答案的问题。
也是因为这些问题让我知道自己正在成长，不是那个每天发生什么都快乐的自己，
但我相信发生的每一件事情都有它的道理，只要我一直不停地做自己想做的事情，那就是对的。

Ch. 18
Fine

Ch. 18
Fine

后记

后记

再见 17 岁

再见 17 岁

我告诉自己人生只有一次，不必看别人的感受去揣摩自己的人生，
遇到选择，谈不上对与错和适不适合，做一个对得起自己的人就好，
其他的就留给自己去感受和体验这个世界带给我的一切。

这个世界本来就不完美，你想要得到什么，就得失去一点什么。
18 岁的我，还会继续否定自己。

终有一天，我会忘了所有青春期的烦恼，做一个最普通的大人，
去迎接成年人的思绪，解决成年世界的种种矛盾。
但希望我还会拥有和 17 岁时一样的喜怒哀乐，希望我能一直开心、随性地面对人生，
继续做最好的自己。

致平凡的也是最不平凡的 17 岁。

18

Eighteen

18

Eighteen

出品 | 欧阳娜娜工作室 @ 歐陽娜娜 Nana 工作室　一本工作室 @ 一本 OneBook　北京磨铁图书有限公司

出品人 | 傅娟 王俊灵　**总监制** | 杨天真 曾明进　**项目负责** | 谢惠如 宋舒萌
艺人经纪 | 张妤瑄　**宣传统筹** | 筱雅 猫猫 江雨婕　**营销支持** | 花卷 金颖
印制统筹 | 张梦怡

责任编辑 | 张奇　**特约编辑** | 王丽媛 李沙沙

整体装帧设计 | 云中设计事务所
封面摄影 | 述禾
内文摄影 | 崔超（作品篇幅占内文开篇，第 2、3、4、5、6、7、8、9、10、12、13、16、17 章）
述禾（作品篇幅占内文第 1、11、14、15、18 章）

造型师 | Nana 荣荣 小 k 佳乐
妆发 | 李莉
特别鸣谢 | Maje Nike

Ch. 1
前言
Andante

Ch. 2
高音
Treble
Clef

Ch. 3
低音
Bass
Clef

Ch. 7
顿音
Spiccato

Ch.8
保持音
Sostenuto

Ch. 9
四分休止符
Crotchet
Rest

Ch. 13
呼吸
Breathe
Mark

Ch. 14
重降
Double
Flat

Ch. 15
回音
Echo

Ch. 4
升
Sharp

Ch.5
滑音
Glissando

Ch. 6
重升
Double Sharp

Ch. 10
波音
Mordent

Ch. 11
反复
Repeat

Ch. 12
降
Flat

Ch. 16
连音
Legato

Ch. 17
还原
Natural

Fine
Ch. 18
曲终

图书在版编目（C I P）数据

18 / 欧阳娜娜著 . -- 北京 : 中国友谊出版公司 ,
2018.7
ISBN 978-7-5057-4423-3

Ⅰ. ① 1… Ⅱ . ①欧… Ⅲ . ①欧阳娜娜—传记 Ⅳ .
① K825.76

中国版本图书馆 CIP 数据核字 (2018) 第 154483 号

书名 **18**
作者 欧阳娜娜
出版 中国友谊出版公司
发行 中国友谊出版公司
经销 新华书店
印刷 北京盛通印刷股份有限公司
规格 700 毫米 ×980 毫米 16 开
18 印张 102 千字
版次 2018 年 7 月第 1 版
印次 2018 年 7 月第 1 次印刷
书号 ISBN 978-7-5057-4423-3
定价 68.00 元
地址 北京市朝阳区西坝河南里 17 号楼
邮编 100028
电话 （010）64668676

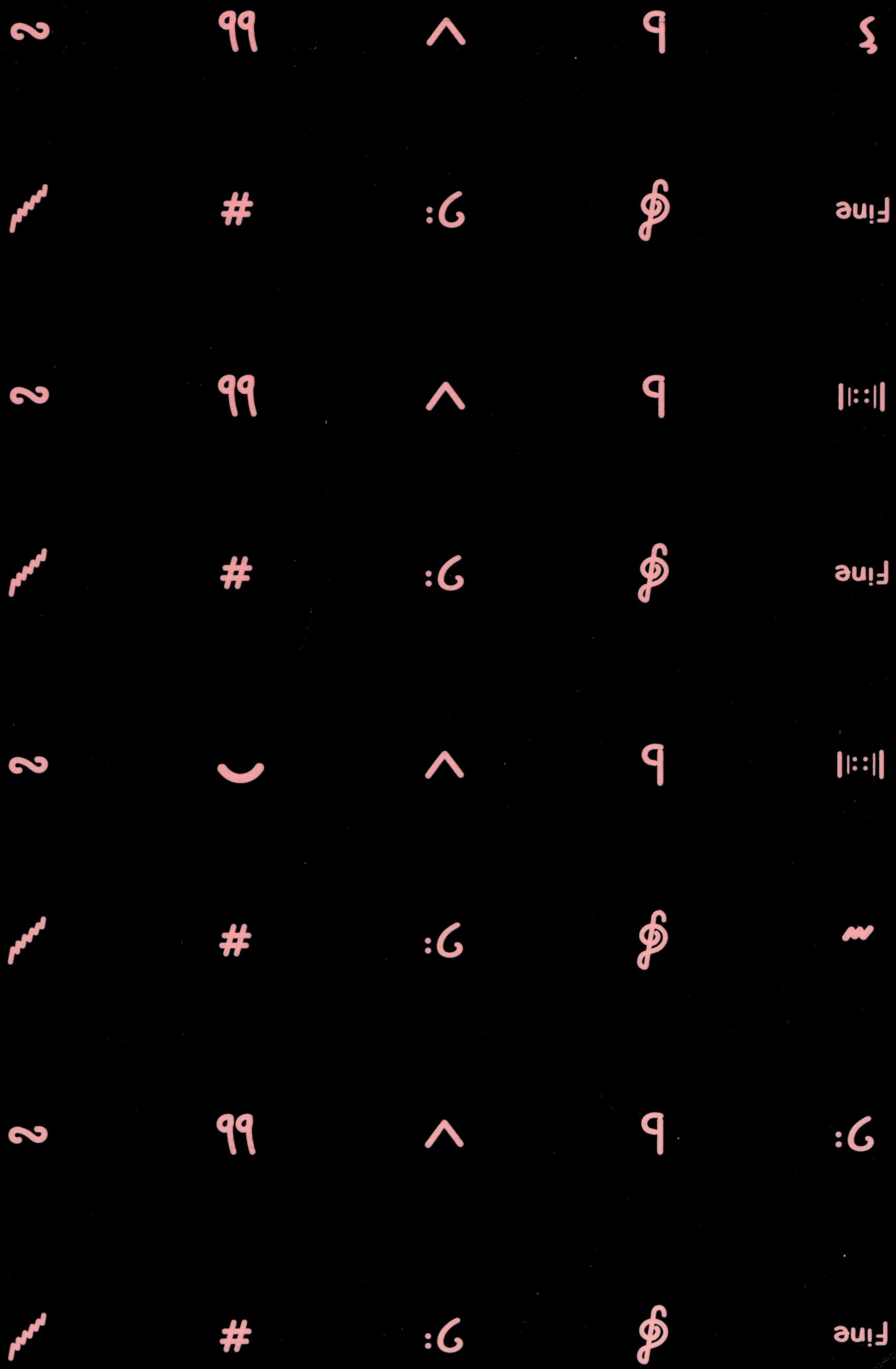
Fine
Fine
Fine